내가 건축가라면

내가 건축가라면

초판 1쇄 발행 2025년 8월 4일

지은이 양용기
펴낸이 장미옥

편　집 박민정
디자인 어윤희
마케팅 김주희

펴낸곳 크레파스북
출판등록 2017년 8월 23일 제2017-000292호
주소 서울시 마포구 마포대로 53, 218호(마포트라팰리스)
전화 02-701-0633　**이메일** creb@bcrepas.com
인스타그램 www.instagram.com/crepas_book
페이스북 www.facebook.com/crepasbook
네이버포스트 post.naver.com/crepas_book

ISBN 979-11-89586-89-8(03540)
정가 17,000원

이 책은 저작권법에 따라 보호받는 저작물이므로 무단 전재와 무단 복제를 금지하며,
이 책 내용의 전부 또는 일부를 이용하려면 반드시 저작권자와 크레파스북의 서면동의를 받아야 합니다.
잘못된 책은 구입하신 서점에서 바꿔 드립니다.

내가 건축가라면

양용기 지음

크레파스북

들어가는 말

기능과 미(美),
무엇을 선택할 것인가

　세상은 모두 형태로 이루어져 있다. 그중 자연의 형태는 생존의 발달과 함께 만들어진 것도 있고 바람과 물과 풍화 작용에 의하여 만들어진 것들도 있다. 건축가 자하 하디드는 사막의 바람이 만든 모래 언덕을 형상화한 작품으로 자연을 인위적인 형태로 표현함으로써 기존 건축과 차별화된 형태를 탄생시켰다. 자연의 모든 형태에는 목적이 있다. 사막은 바람이 모래를 싣고 와 쌓아 놓은 것이고 키가 큰 나무는 햇빛을 잘 받기 위함이며, 숲속에서 썩어가는 물질들은 주변의 생물체에 새로운 영양과 환경에 적응하려는 목적이 있다. 그러나 인간이 만든 형태는 이와 다르다. 기술이 발달하지 않았던 시기에는 오로지 기능면에서 만족하려는 이유가 가장 컸다. 새로운 것에 대한 욕구가 충만한 인간은 이에 만족하지 않고 끊임없이 개발했는데 이것은 기능뿐 아니라 형태 기술의 발전으로 이어졌다. 이로 인해 동일한 기능을 가진 사물이라도 인간 사회와는 다르게 그 형태가 다양해지기 시작했다.

산업혁명 이전에는 기술이나 재료가 단순해 다양한 형태를 만들어내기 힘들었다. 이 때문에 기본적인 단순한 형태에 부수적인 요소를 가미하여 형태를 꾸미기 시작했다. 이를 장식이라 한다. 전체적인 장식은 바로크 시대에 극치를 이루고 로코코 시대에 와서는 장식이 세분화되어 화려함의 극치를 이루었으며 산업혁명 시대에 이르러 주물 틀을 만들면서 대량 생산이 가능하게 되어 다양한 형태를 시도할 수 있게 되었다.

일부 예술가들은 본질의 형태를 장식으로 뒤덮는 것이 솔직하지 못하다고 주장하여 장식보다는 전체적인 형태 변화를 시도하게 된다. 이것이 모던의 시작이다. 모던 이전의 시대는 장식을 통한 미에 중점을 두었다면 모던 이후는 장식보다 전체적인 형태의 변화를 주어 장식보다는 기능에 중점을 두기 시작했다. 이로써 모던의 초기 과도기에 형태의 시도는 기능과 미의 중요성에 대한 논쟁이 치열했다. 이 시기에 "기능은 형태를 따른다"와 "형태는 기능을 따른다"의 두 개의 대립은 어느 것을 우선시하는가에 따른 형태주의와 기능주의에 대한 대립으로 이어졌다. 여기서 어느 주장을 따르는가에 대한 문제는 지금에 와서 중요하지 않다. '기능'과 '미', 이 두 개의 단어 모두 형태를 만드는 데 영향을 미칠 수 있다는 것이 중요한 것이다.

일부 사람들은 기능이 중요하다, 또는 디자인이 중요하다고 여기며 자신만의 철학을 작품에 담아내려 한다. 이러한 작업 철학을 가졌다는 것은 긍정적인 일이다. 그러나 나는 필요하다면 이 두 가지 모두 취한다. 산업혁명 이전에는 이 두 가지를 모두 적용하기에 기술과 재료에 한계가 있었다. 모던 시대에는 이전의 형태주의와 차별화를 두기 위한 의도로 기능을 중요시했던 배경이 있었을 것이라 생각한다. 지금 재료나 기술의 문제는 큰 장벽이 될 수 없다. 오히려 어떻게 만들까 하는 아이디어가 더 필요한 시기이다. 이는 어느 아이디어든 시도할 만한 뒷받침이 준비되어 있다는 의미이기도 하다. 이는 실용성이 있다면 선택받을 수 있고 그 가치를 결정짓는 소비자의 역할이 커졌다는 것이다. 그래서 오히려 기능과 디자인의 경쟁보다는 가격의 경쟁이 더 치열해졌다. 현대는 비싼 것과 그렇지 않은 것, 다양한 기능과 그렇지 않은 것, 첨단과 그렇지 않은 것 등은 소비자와 가격이 선택의 중요한 요인이 되었다.

다양한 기능과 디자인의 중요성은 단순히 형태의 질을 선택하는 요인일까? 역사 속에서 많은 것을 경험한 인간은 어떤 것이 더 좋은지 잘 알고 있다. 단지 현재 등장한 기능과 형태가 최선이기에 이를 받아들일 뿐 이에 만족하지 못하는 사람들과 물건을 판매하는 회사의 주도로 변화가 이어지고 있다. 판매 회사는 이익을 창출할 목적으로 새로운 것을 시도하지만 소비자가 원하는 것은 정말 다양하다. 그중에는 불편함을 해소하고 좀 더 기능적인 것, 또한 그 물건을 소유했다는 자부심을 갖기 위한 부분도 있을 것이다. 이러한 이유는 때로 물건을 생산하는 회사에 채택되기도 한다. 이는 회사와 개인 간의 목적이 합치되었기에 가능한 것이다. 그러나 물건이 아니고 환경과 같은 요소는 그 목적이 다르다. 물건은 빠르고 직접적이고 신속하게 개인에게 영향을 주지만 우리가 환경의 변화를 느끼기에는 그 범위가 광대하고 암묵적이다. 사람들은 이에 관련

된 기구나 기관 그리고 정부를 믿고 세금을 낸다. 이익을 추구하는 기관은 그들의 목적에 따라 움직이지만 세금을 받는 기관은 과거, 현재, 미래에 대한 비전이 있어야 한다. 그래야 우리의 믿음이 확고해진다. 여기에는 옳은 기능과 변화하는 디자인이 반드시 수반되어야 한다.

우리의 국가와 도시 그리고 환경이 아름다운 것은 단순히 기능과 멋진 디자인으로 인한 것이 아니라 객관적이고 미래지향적 평가가 있기 때문이다. 큰 틀의 시스템이 있지만 발전한 나라일수록 상세한 배려가 있음을 알 수 있다. 그 분야의 전문가들이 이 책을 접했을 때 동의하지 못하는 부분도 물론 있을 것이다. 내 분야의 영역 외에는 도시민으로서, 그리고 관찰자로서 소망을 담았을 뿐이다.

목차

들어가는 말 기능과 미(美), 무엇을 선택할 것인가   004

1. 우리는 어떤 도시에 살고 있는가

기능에 충실한 도시의 건축물	012
대지와 건축물의 밀접한 관계에 대하여	016
건축에 상상력과 아름다움을 입히다	022
주택가 골목에 담긴 일상, 그리고 삶	028
건물의 지붕은 사람의 헤어스타일과 같다	036
시대에 따라 변화하는 모범적인 건축물	042
공간의 진정한 의미	048
도시에 깔린 다양한 카펫들	053
도로의 고유 기능에 미(美)를 더한다면	057
자동차를 위한 도로(Road), 보행자를 위한 거리(Street)	063
도시의 싱크홀이 던지는 경고	067
좋은 도시가 갖추어야 할 것들	074

2. 디자인을 입은 도시, 자연을 닮은 도시

신호등은 기능에만 충실하면 된다?	082
고가도로 물받이 관이 눈에 거슬리는 이유	092
간판으로 뒤덮인 도시	095
고가도로를 이용하는 사람, 바라보는 사람	100
우리의 도시는 어떤 스카이라인을 가졌는가	104
야생동물은 생태 연결 통로를 얼마나 이용할까?	116
인간은 자연을 잠시 방문한 손님	120
그린(Green)과 벨트(Belt)와의 관계	124

3. 선입견을 깨면 환경이 달라진다

가을의 상징, 도로의 쌓인 낙엽에 대한 고찰	134
맨홀 뚜껑은 왜 도로에 있을까?	137
터널에도 디자인을 입힌다면	143
도로의 일부가 된 고속도로 방음벽	146
도시의 밤을 밝히는 가로등 이야기	152
공원은 건강한 도시의 첫째 조건이다	158
도시의 수많은 아파트, 획일적인 디자인	163
골목에 담긴 우리들의 추억	171
지하철역 입구는 어떤 기능을 할까?	177
주유소의 형태는 왜 모두 비슷할까?	185
건축물의 다양한 형태	191
실버타운의 위치, 노인을 위한 결정일까?	196
건축의 목적	201
마을 살리기 운동	206
창문과 문은 사람의 얼굴과 같다	218
골동품이 지닌 가치에 대하여	226
확산하는 미니멀리즘의 인기	232

1

우리는 어떤 도시에 살고 있는가

기능에 충실한
도시의 건축물

　도시는 주택, 상가, 은행 건물, 공공건물 등 수많은 건축물로 채워져 있다. 번화가에는 회사 건물들이 즐비하고 호텔과 식당가도 가득하다. 번화가 뒤편에는 일반 음식점들이 들어서 있으며 소규모의 주택가도 볼 수 있다. 우리나라의 경우에는 아파트 단지가 주택가의 대명사처럼 쓰이지만 개발되기 전에는 일반 주택 건물들이 빽빽하게 들어서 있었다. 도시는 이 주택가의 사람들이 출퇴근을 편리하게 할 수 있도록 주 동선을 만들어야 한다. 이러한 이유로 대도시의 형태는 도시 정책에 그다지 긍정적인 방향으로 건설된 것은 아니다. 이들의 동선을 모두 수용하려면 혼잡한 교통난이 발생하기 때문이다.

　도시는 이렇게 일상적인 생활을 수용하기도 하지만 주말이나 휴가 기간 그리고 도시 방문자들을 위한 장소를 제공한다면 좋을 것이다. 일을 위해 일주일을 바쁘게 생활했다면 그렇지 않은 시간에 대한 장소도 제공해야 한다. 그것이 세금의 한 목적이기 때문이다. 공원과 광장처럼 아무런 기능이 없으면서 무엇이나 가능한 장소 또는 미술관이나 박물관 같은 특별한 기능을 가진 장소도 필요하다.

도시는 건축물로 채워져 있는 만큼 건축가는 공간을 만들어 건축물이 올바른 기능을 할 수 있도록 설계하는 사람들이다. 그렇기에 도시에서 건축가의 역할은 매우 중요하다. 내가 건축가라면 도시에 동일한 형태의 건축물을 설계하지 않을 것이다. 동일한 기능을 하는 건축물은 있을 수 있다. 그러나 모든 건축물이 동일한 형태를 가질 필요는 없다. 물론 100퍼센트 동일한 형태의 건축물을 찾기는 어렵다. 여기서 동일한 형태란 유사한 형태까지 포함한 것이다.

도시 주택가를 보면 대부분 주택의 기능에 충실한 건물이 대부분이다. 이는 비용과 건축법규의 한계를 드러낸 결과이다. 조금 더 도심으로 향하면 상가 건물들이 있지만 이 또한 형태의 다양성을 크게 기대하기는 어렵다. 상가 건물의 형태는 상가의 홍보 역할을 하는 개념이 아니며, 상가를 알리는 기능은 오로지 광고판이 전적으로 담당하고 있다. 여기에도 한계는 있다. 대부분의 상가들은 건물주가 세입자가 영업하고 있다는 이유가 중요하게 작용할 수 있다. 그리고 조금 더 중심으로 나오면 회사 건물이나 호텔 또는 공공건물과 같은 거대 건물들이 등장한다.

상가는 자신이 소유한 건물이 아니기에 오로지 기능에 충실해야 하지만 대로변에 있는 건물들은 그 도시의 이미지를 담당하기에 기능에 디자인적인 요소를 염두에 두어야 한다. 그러나 전면에 있는 많은 건물들이 공간과 건축법에 따르다 보니 오로지 기능적인 역할에만 충실할 수밖에 없을 것이다. 즉 형태적으로 다양함이 부족하다는 것이다. 디자인은 비용과 시간에 영향을 받는다. 디자인은 디자이너의 몫이 아니고 그것을 선택하는 사람의 몫이다. 그렇다면 우리의 건축물은 왜 이렇게 획일적인 형태를 갖추게 되었는지 한 번쯤 생각해 볼 일이다. 건축 디자인은 건축주와 설계자 두 사람의 의견이 성립되어야 한다. 건축가에게는 건축주의 요구사항, 즉 설계지침이 중요하다. 그런데 대부분의 설계지침에는 기능적인 부분이 주로 명시되어 있다. 건축물의 형태는 명확하게 제시되어 있지 않다는 뜻이다.

내가 건축가라면 설계지침에 디자인에 대한 내용을 명확하게 명시할 것이다. 그렇다면 건축가는 이에 따라 기능뿐 아니라 디자인적인 부분도 심도 있게 작업할 것이다. 예를 들어 로마네스크 양식으로 디자인하기, 사칙연산 형태로 디자인하기, 구조의 아름다움이 드러나게 디자인하기, 삼각형으로 디자인하기, 곡선으로만 디자인하기, 해체주의로 디자인하기, 미니멀리즘으로 디자인하기, 아르누보로 디자인하기, 자하 하디드 풍으로 디자인하기 등 명확하게 명시하면 건축가들은 그러한 요구에 맞추어 설계할 것이다. 다양한 형태의 건물이 건축되지 않는 것은 전적으로 건축가의 책임은 아니다. 그러나 대부분의 사람들은 건축가에게 책임을 돌리기 마련이다. 사실 책임을 따지자면 발주처가 일차적이다. 심의나 심사에 참여해보면 알 수 있다. 물론 설계는 누구든지 할 수 있다. 그러나 설계의 목적은 안전해야 하며 시공이 가능해야 하는 등 전문가가 설계해야 하는 이유는 무궁무진하다. 이것이 설계이다. 건물의 기능은 준공 후 완벽하게 평가받게 되며, 도면은 전문가가 아니면 알기 힘들다. 그러나 디자인은 전문가가 아니더라도 도면상으로 어느 정도 파악할 수 있다. 설계는 그 많은 이유를 만족시켜야 하는데 기능적인 부분에 너무 치중하고 있다. 그러나 건축물의 형태 또한 도시의 중요한 기능이다. 이런 부분을 간과하게 되는 것은 발주처가 이에 대한 지식이 부족하기 때문이다.

공공기관은 세금으로 운영한다. 즉 충분한 자금이 확보되어 있다는 것이다. 법이라는 규제도 중요하지만 가능하게 만드는 마법으로 쓰여야 한다. 디자인은 '돈'이다. 그렇기에 공공기관의 건축물이 먼저 디자인을 고려한 건축을 할 수 있도록 앞장서야 하는데 공무원은 규제에 해박한 반면, 디자인에 대한 지식이 부족하여 약간의 설탕을 넣은 것 같은 형태만 도시에 가득 채우고 있다. 설계지침에 디자인에 대한 내용을 첨가한다면 이러한 문제는 어렵지 않게 정리될 것이다. 이는 건축 설계자들에게 디자인에 대한 공부를 유도하는 역할도 자극할 수 있다. 내가 건축가라면 기능뿐 아니라 디자인에 대한 명확한 주문을 설계지침에 넣어 도시를 다양한 형태의 건축물이 가득한 무대로 만들 것이다.

대지와 건축물의
밀접한 관계에 대하여

대지의 상황은 건축물의 상황과 연관을 갖는다. 많은 건축가들은 건축 설계를 하기 전 대지를 살펴본다. 일반적으로 건축물을 디자인하기 전 대지의 상황이 아이디어를 제공하기 때문이다. 훌륭한 건축가는 대지를 분석하고 대지가 주는 메시지를 읽는다. 일반적으로 대지는 평평한 형태로 제공된다. 도심이나 이미 개발된 지역이라면 특히 이러한 대지가 대부분이다. 물론 대지가 경사졌거나 다른 요소들이 포함되는 경우도 있다. 건축가는 대지를 평평한 형태로 변경하기보다는 주어진 상태를 어떻게 이용할지 고민한다. 이럴 경우 생각지 못한 아이디어를 대지가 제공하기 때문이다. 의외로 대지의 상태를 이용했을 때 토목비도 절감할 수 있고 생각지 못한 형태를 얻게 되는 경우도 있다. 그래서 훌륭한 건축가는 대지를 잘 읽는다. 건축주는 건축가와 대화를 통해 자신이 원하는 스타일의 건축물을 의뢰하지만 사실 이는 건축물의 결과에 대한 작은 부분일

뿐 그 건축주의 요구 사항은 내부적인 부분에 제한되는 경우가 많다. 건축가는 이를 가능한 수용해야 하지만 대지의 상황을 알리고 이를 어떻게 활용할 것이지 제안하는 것도 중요하다.

경사진 대지에 면을 평평하게 깎아 건축물을 배치한 경우를 종종 보게 된다. 하지만 이때 옹벽이 등장하고 형태 또한 단순해지기 일쑤이다. 다른 형태는 다른 대지의 상황에서 나타날 수도 있다. 훌륭한 건축가는 대

위) 다양한 대지에 놓인 건축물
아래) 경사를 이용한 건축물 / 옹벽이 있는 건축물

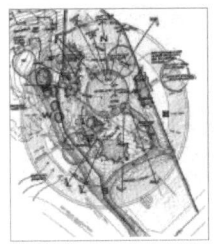
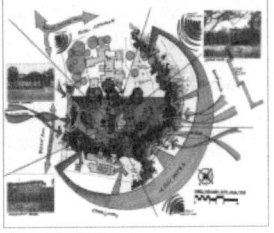
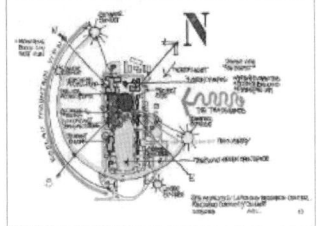

위) 경사를 이용한 주택
아래) 다양한 환경분석

지를 변형하지 않고 이를 활용해야 한다. 우리나라 아파트의 경우 옹벽이 있는 단지를 많이 볼 수 있는데 이는 토목 과정에서 경사지를 깎아 공사하기 때문에 경사지의 높은 부분에서 옹벽이 발생할 수밖에 없다.

다양한 대지의 형태는 다양한 건축물의 가능성을 암시한다. 그래서 대지의 상태를 제대로 읽어 이를 설계에 적용할 때 아주 흥미로운 결과를 가져오기도 한다. 대지의 내부적인 상황뿐 아니라 대지의 외부적인 요인도 건축설계에 영향을 준다. 그래서 건축가는 설계를 시작하기 전 계획단계에서 환경분석을 시행한다. 환경분석은 마치 공식처럼 기본적인 요소를 분석하지만 그 대지의 특성에 따라 특수한 내용을 적용하여 기준을 달리할 수 있다. 이 분석들은 건축 형태의 변화와 개구부 그리고 많은 요소들에 대한 암시를 준다. 훌륭한 건축가는 자신만의 환경분석을 적용하기도 한다. 이는 건축가가 어떤 시각을 갖고 있는가도 알게 해준다.

환경분석은 건축설계에서 기초적인 작업 방식으로 설계의 근거로 작용할 수 있다. 이 근거는 건축물의 형태, 구조, 개구부의 크기와 존재, 시야 확보, 방음벽의 존재, 차양의 유무, 건축물 배치 방향, 공간 배치 타당성, 에너지, 완충공간의 유무, 대지 주출입구와 건물 주출입구의 위치 선정 등 설계의 기본적인 방향을 찾는 데 지대한 영향을 미친다. 동일한 장소에 있는 건축물에 유사한 점들이 많은 이유가 여기에 있다. 얼마나 자세히 그리고 꼼꼼하게 대지에 대한 환경분석을 했는가에 따라 건축설계가 달라질 수 있다.

내가 건축가라면 내가 원하는 건축 형태를 먼저 찾기보다 이렇게 대지의 성격과 대지 주변의 환경분석에 많은 시간을 투자하여 이를 적극적으로 활용하여 결과물을 만들어 낼 것이다. 나만의 콘셉트를 고집하기 전에 환경분석을 통해 얻는 결과물에 나만의 콘셉트를 어떻게 적용할 것인지 고민할 것이다. 건축물은 준공되고 난 후에야 결과물에 대한 평가를 얻을 수 있다. 건축가의 꼼꼼한 작업의도가 담겨 있어도 무엇보다 사용자의 평가가 중요하기 때문이다. 그래서 건축가는 사용자가 만족할 만한 공간 창출을 위하여 최선을 다하는 것이다.

건축의 목적은 공간을 만들어내는 것이다. 공간이라는 것은 내부에 있고 외부와의 차단에 의하여 존재한다. 이것이 공간의 시작이다. 건축의 역사는 무척 오래되었지만 현대에 와서 공간의 내외부에 대한 구분이 점차 사라지고 있다. 이를 가능하게 하는 것은 설비의 역할로, 지금은 이를 적극적으로 활용해 보는 것도 좋을 것이다. 대지는 이 공간의 배치를 다양하게 만들어내는 데 중요한 아이디어를 제공해 주고 있다. 하지만 공사하기 편하도록 산림을 훼손하고 자연의 흐름을 망가뜨리는 경우도 심심찮게 나타난다. 인간이 터를 만들기 위한 행위는 필요하지만 자연을 파괴하면서 대지를 얻는 행위는 고려해야 한다. 자연은 지구의 허파이기 때문이다. 나무가 사라지고 수로가 변경되면서까지 우리의 터를 만드는 행위는 서서히 우리를 죽이는 행위이다. 인구 포화 상태가 아닌 시점에서 터를 만드는 행위는 사회 문제가 되지 않았으나 이제는 그렇지 않다. 이제는 건축물을 짓기 위하여 대지를 변경하는 행위는 옳지 않다. 훈데르트바서의 주장처럼 대지의 상태를 유지하며 건축물은 주인이 아닌 자연의 일부로 그 자리에 앉히는 객(客)이 되어야 한다. 인간에 의한 자연 파괴는 넓은 지구에서 서서히 일어나는 것처럼 보이지만 재앙은 순식간에 닥친다. 건축은 자연과 떨어질 수 없는 관계이다. 미래 세대에게 물려줄 것은 아름다운 건축물이 아니라 아름다운 대지이다. 기술과 과학이 발달했다는 것은 인간의 삶을 더 풍요롭게 했다는 것이다. 그러나 여기서 풍요로움은 아주 작은 부분이다. 진짜 풍요로움이란 과학과 기술은 자연과 함께 살아가는 데 쓰여야 하는 것이다. 자연을 파괴하는 것은 아주 이기적인 기술이다. 대지는 다 내주었지만 자신을 변형하도록 허락하지는 않았다. 건축가는 이제 그 원래의 대지에 건축물을 앉히는 아이디어를 만들어내야 한다. 그렇지 않으면 자연은 한순간에 모든 것을 다 토해내 버릴 수 있다.

건축에 상상력과
아름다움을 입히다

　아르누보 건축가 빅토르 호르타의 건축 양식은 일반적인 건축 양식과 비교했을 때 아주 독특함을 지녔다. 그의 콘셉트는 화가들이 빈 종이를 빈틈없이 채우듯 다양한 요소들로 채운다는 것이다. 그는 화가들이 사용하는 캔버스는 공간으로, 여기에 등장하는 요소들은 물체로, 건축물의 벽은 아직 채워지지 않은 빈 캔버스라고 생각한 것이다. 그는 "무엇 때문에 건축가는 화가처럼 그 공간을 채우는 대담함이 없는가?"라고 물었다. 이는 건축물의 바닥, 벽 그리고 천장 등 비워진 공간에 생동감을 넣자는 의도였다.

　이러한 의도에서 그는 바닥, 벽 그리고 천장에 무엇인가로 채울 때 공간은 생동감 넘치는 환경을 갖게 된다고 생각했다. 화가들은 하나의 그림을 완성하기 위하여 캔버스에 자신이 그리고자 하는 것을 그려 넣는다. 그렇게 하나의 그림이 완성되는 것이다.

아르누보가 적용된 사례(미드저니)

건축가는 공간을 만드는 사람들이다. 공간은 바닥, 벽 그리고 천장으로 구성되어 있다. 빅토르 호르타는 이러한 요소를 비워두지 말고 이곳에 무엇인가를 채울 때 공간이 완성된다고 여겼다. 건축은 공간을 만드는 것이고 미술은 비워진 면에 무엇인가를 채우는 것이다. 건축은 사용되는 공간을 만드는 것이고 미술은 시각적인 완성을 목표로 한다. 그렇기에 미술은 건축이 될 수는 없다. 그러나 건축은 미술의 종합체가 될 수

그림 같은 도시의 모습(미드저니)

있다.

　도시가 그림처럼 될 수는 없을까? 그림 같은 도시는 없을까? 도시가 처음 만들어졌을 때 그곳에는 아무것도 없었다. 화가는 캔버스 앞에서 붓을 들기 전 그곳에 무엇을 채울 것인가 먼저 구상했을 것이다. 그리고 어떤 방식으로 그림을 채워 나갈 것인가 구상했을 것이다. 이렇게 도시도 채우기 전 무엇으로 어떻게 채울 것인가 장기적인 계획 아래 만들어 나가야 한다. 아름다운 도시는 아름다운 모습이 있다. 그렇기에 아름다운 도시는 기억하려 노력할 필요가 없다.

　아름다움을 갖추려면 그 요소가 충족되어야 한다. 미술은 작가의 상상력과 그림에 담긴 메시지로 사람들에게 감동을 전하며 미적인 가치를 공유하지만 도시는 그보다 더 많은 것을 담고 있다. 기능과 다양한 요소가 도시민들에게 필요한 것을 담고 있을 때 좋은 도시로 여겨질 수 있다. 역동적인 영역이 있는가 하면 고요한 영역이 있고 도시민의 다양한 욕구를 충족시킬 수 있는 기능을 갖추어야 한다. 그러나 한 장소에서 다른 장소를 바라보았을 때 바라볼 만한 가치를 제공한다면 이 또한 쉬어갈 만한 도시가 될 것이다. 미술은 2차원이다. 그 2차원 안에 3차원적인 요소를 담아내는 것이다. 그러나 도시는 3차원이다. 도시의 사람들은 그 도시의 뷰 포인트를 알고 있다. 그리고 좋은 도시란 이러한 지점이 있어야 한다.

피카소의 입체파적 도시 풍경, 마티스의 야수파적 풍경, 그리고 반 고흐의 인상파적 도시 풍경을 살펴보자. 도시 자체는 미술의 완성이다. 그런데 아무런 콘셉트가 없다면 예술로 보기 힘들 것이다. 도시는 도시민을 위한 장소이기에 콘셉트를 갖는 것이 당연하다. 미술가는 작업 전 작업의 콘셉트를 정한다. 그것이 바로 방향이기 때문이다.

내가 건축가라면 도시에 다양함을 제공할 것이다. 그래서 반 고흐, 마티스 그리고 피카소의 콘셉트를 적용한 서울의 모습을 만들어 보았다. 시작은 방향을 말한다. 시작은 곧 사고의 논의점을 제시하는 것이다. 도시는 움직이며 소리 나는 미술이다. 도시는 거대한 미술 전시장이다. 도시에는 미술로 보여줄 수 있는 수많은 요소가 담겨 있다. 이것이 중요한 이유는 도시의 젊은 세대에게 다양한 요소란 상상할 수 없는 영향을 미치기 때문이다. 혼란스러운 도시는 혼란함을 제공하고 아름다운 도시는 아름다움을 제공한다. 젊은이들이 기성세대와 다른 점은 무한한 가능성이다. 이들에게 다양함을 제공하는 것은 미래를 위한 일이다. 이들에게는 장소만 제공하면 된다. 그러면 나머지는 그들이 만들어 갈 것이다. 그러나 그 장소의 바탕은 도시가 제공해야 한다. 내가 건축가라면 도시를 채우는 데 급급해하지 않고 그들이 젊음으로 완성하게 할 것이다.

위) 피카소의 입체파적 도시 풍경 / 마티스의 야수파적 풍경 / 반 고흐의 인상파적 도시 풍경
아래) 반 고흐 / 마티스 / 피카소의 콘셉트를 적용한 서울의 모습

도시를 공무원이 만든다는 발상은 아주 위험하다. 이들은 장소와 재원만 제공하면 된다. 그 외에 아무것도 개입해서는 안 된다. 도시는 도시전문가가 만들어야 한다. 장기적인 계획과 전체적인 계획 그리고 시간의 흐름 속에서 어떻게 도시가 변화하는지 안목이 있는 전문가가 처음부터 끝까지 개입해야 한다.

도시는 입체적인 미술이다. 하나만 보아서는 안 된다. 과거에는 도시의 요소가 다양하지 않았다. 이는 마치 캔버스에 배경색을 칠하는 시기와 같다. 그러나 미술가는 배경색으로 무엇이 어울릴지 점차적으로 깨달으며 작업한다. 도시 또한 마찬가지다. 먼저 도시 영역을 나누고 그 영역 다음에 무엇을 더할 것인지 점진적인 작업이 이뤄져야 한다. 그리고 전체적인 도시의 성격을 정한 후 후임이 이를 연장선에서 작업하도록 해야 한다. 단순히 하나의 초점만을 바라보고 작업한다면 도시는 마치 쓰레기통처럼 잡동사니가 가득한 곳이 될 것이다. 아름다운 도시는 미술과 같은 콘셉트가 있다.

주택가 골목에 담긴 일상,
그리고 삶

　그 나라의 주택가 골목을 가 보면 시민들의 평범한 일상을 엿볼 수 있다. 낯선 풍경이지만 정리되지 않은 삶의 모습은 오히려 정겨운 모습으로 다가오기도 한다. 여기서 우리에게 다가오는 중요한 이미지라는 것은 바로 주택의 형태를 말한다.

　멕시코와 태국의 흔한 주택가의 모습을 살펴보면 곧 그들의 삶의 형태와 연관이 있다는 것을 깨닫게 된다. 멕시코와 태국의 두 주거 형태는 더운 날씨라는 공통점이 있지만 계절이 다양하지 않은 멕시코의 경우 주택의 지붕은 대부분 평지붕으로 이루어져 있다. 이는 주택의 재료가 주로 흙이라는 것을 뜻한다. 멕시코는 전통적인 주택 건설 방식을 지금까지 이어오고 있다. 그러나 태국의 경우 전통 주택은 흙보다는 짚이나 목조에서 시작하여 그 형태의 변화로 조립식 주거 형태에 가깝다. 멕시코는 오랜 식민지 역사로 서양 건축의 영향이 곳곳에 숨겨져 있는데, 이를 통해

위) 멕시코의 주택가 / 태국의 주택가
아래) 미국의 주택 골목 / 일본의 개발된 주택가

멕시코의 주거 형태와 건축 재료가 클래식에 가깝다는 것을 알 수 있다.

미국의 경우 식민지 시대에는 주로 목조 주택 형태였으나 이후 마을이 안정되면서 영국민들의 영향으로 붉은 벽돌에 박공지붕이 주를 이루게 된다. 일본의 경우 또한 주로 목조 주택이었으나 이후 주택 개발을 통하여 국제 양식이 주를 이루게 되었다. 일본은 많은 건물에 마감 재료로 타일을 사용하는데 이는 좁은 지역이라는 특징에 타일이 가장 저렴한 재료라는 점이 가장 크게 작용했기 때문이다.

미국의 주택 골목과 일본의 개발된 주택가의 큰 차이는 골목길에 들어선 도로의 재료이다. 미국이나 멕시코의 근원을 따라가보면 로마가 나온다. 그래서 도로의 마감재료가 대체적으로 석재로 되어 있는 반면 아시아는 콘크리트나 아스팔트로 되어 있는 경우가 많다. 이는 도시 발전의 역사를 어디서부터 보는가에 달려 있다. 대체적으로 마을은 삶의 터전에

우리나라의 동네 골목길

서 공동체적인 삶을 위해 모이면서 형성되는데 서양은 로마의 도시 계획을 기반으로 발전되어 왔고 아시아는 보호 차원에서 왕실이나 궁궐과 같은 집권자의 근처에서부터 발달하기 시작하여 점차 확대되어 가는 모습이다. 그러나 국가의 안정과 도시의 확대로 신도시가 발달하고 이로 인한 주택 정책으로 과거보다 더 넉넉한 대지를 확보하면서 주택에 변화를 주기 시작하면서 이것이 주택 디자인에도 영향을 미쳤다.

우리나라도 마찬가지다. 초가집과 기와집 위주였던 도시에 6.25와 8.10 성남(광주대단지)항쟁 사건 이후 많은 변화를 맞았다. 당시 서울시장이었던 김현옥은 박정희 대통령의 청계천 무허가 건물 정리를 위한 정책으로 시민 아파트를 지으면서 1960년대 말 서울의 주택에 변화를 낳고자 했다. 그러나 청계천 무허가 건물에 거주하던 시민들이 땅값이 저렴한 언덕으로 밀려나면서 소위 달동네가 형성된다. 이를 우리나라의 대표적인 건축 형태라고 부를 수는 없다. 이후 달동네를 제외한 지역에는 국적 불문의 주택 형태들이 들어서게 된다. 해방 후 초기 우리나라의 골목은 일본의 골목과 크게 다르지 않았다. 이러한 구조에 영향을 준 것은 바로 골목과 주택의 관계이다. 우리나라 주택의 원조는 담장이 있고 마당이 있으며 내부 공간이 있는 3단계 구조이다. 그러나 협소한 곳에서는 이러한 구조를 허락하지 않았기 때문에 마당과 담장을 없애고 바로 내부로 들어가는 구조로 변해가기 시작했다. 그래도 해방 후 초기 우리나라의 골목은 나름의 질서를 갖추고 있었다. 지금 그러한 구조는 서울에서 찾아보기 힘들다. 이는 우리나라의 골목들이 자리를 잡기 전 얼마나 빨리 변화의 바람이 몰아쳤는지 알 수 있는 대목이다.

이제 우리나라도 많이 변했다. 정신없이 달려왔던 과거의 시간에서 뒤돌아보고 있고 다양한 선택을 할 수 있는 여유도 생겼다. 그러나 아쉬운 것이 있다면 건설회사와 집 장사들이 아직도 주택의 형태에 주도적인 역할을 한다는 것이다. 이러한 현상이 나타난 이유는 선택의 문제에서 기인한다. 디자인은 디자이너의 몫이 아닌 선택하는 자의 몫이 되었기 때문이다. 아무리 좋은 디자인이 탄생해도 선택받지 못하면 의미가 없다. 이는 공공기관이나 다른 용도의 건축물에 비하여 주택은 공모전이나 과정을 통하여 등장하기보다는 건축주의 선택이 가장 유력하다는 뜻이다.

지붕 위의 풍경과 지붕 아래의 풍경이 다른 이유는?

유럽의 평범한 마을과 고풍스러운 대도시의 풍경을 위에서 내려다보았을 때 화려함보다는 아늑함을 느낄 수 있다. 이는 지붕의 통일성 때문이다. 그러나 이곳을 직접 가 보면 지붕의 통일성에 비하여 지붕 아래는 모두 다른 이미지로 개성이 넘친다. 이는 곧 지붕이 전체적인 이미지를 만

유럽의 어느 마을 풍경 / 유럽의 대도시 풍경

들어내면서도 혼란스러움을 없앤 반면, 지붕 아래의 디자인은 다양함으로 제각각의 개성을 드러내고 있다. 대도시의 이미지도 마찬가지다. 당시는 다양함보다는 양식의 흐름을 따르는 시대이므로 이러한 이미지들이 모여 혼란스럽지 않게 보인다. 이것이 바로 통일감이다. 각 나라의 주택 디자인은 대체적인 특징을 가지는데 이것은 하나의 형태 언어로 다가온다. 많은 것은 없는 것과 같다. 그래서 많은 것에는 통일감을 부여하는 것도 좋다. 그러나 통일감이 지나치면 오히려 지루함을 느끼기 마련이다. 유럽의 마을 풍경처럼 지붕을 통일감의 포인트로 만든 것처럼 어느 부분은 동일하게, 또 그 외의 것은 자유로움을 더하면 지루함을 줄이고 혼란스러움도 막는 방법이 될 수 있다.

큰 규모의 건축물에 새로운 형태를 시도하는 것은 많은 비용이 소요된다. 그러나 주택의 경우 숫자는 많지만 새로운 디자인을 시도하는 데 큰 부담이 되지 않을 수 있다. 초가집과 기와집이 국제 양식으로 변화했듯 주택에 새로운 건축 형태와 디자인의 변화를 시도한다면 좋은 예가 될 수 있을 것이다. 지금 세계적인 흐름은 미니멀리즘적 건축 형태 디자인의 시도가 주를 이루고 있다. 이러한 형태의 시도가 시작된 것은 1960년대이지만 지금에서야 유행처럼 번지고 있다. 이것을 가능하게 해 준 것이 바로 설비이다.

미니멀리즘 건축 형태는 지금 유행의 단계를 넘어서고 있다. '유행은 일시적 사실과 구성적 사실의 과정을 거쳐야 알 수 있다'는 말처럼 미니멀리즘은 이미 일시적 사실을 지나고 있다. 건축가들은 이를 인지해야 한다. 내가 건축가라면 이를 주택 디자인에 적용해 볼 것이다. 아름다움의

미니멀리즘이 적용된 건축물

정의는 인지한다는 것이다. 아름답지 못한 것은 형태의 문제가 아니라 우리에게 인지되지 않은 것을 말한다. 건축가는 인지되고 인식되는 형태를 보여주는 것이 옳다. 이는 곧 루이스 칸의 '기억되고 싶다'는 건물의 호소를 만족시키기 위한 답이다. 좋은 도시란 의도적으로 기억하는 것이 아니라 자연스럽게 인식되는 것이다.

건축은 삶의 중요한 요소이지만 경제적인 상황도 중요하다. 건축가는 경제적인 상황에 맞는 주택 디자인을 개발해야 한다. 주택 디자인은 대지의 상황에 가장 많은 영향을 받는다. 그러나 건축가는 이러한 상황에서도 색다른 주택 디자인을 개발해야 한다. 보통 주택의 규모는 크지 않기에 대부분 건축가의 심혈을 기울인 작품을 만나기란 쉽지 않다. 여기에는 분명 고질적인 문제가 있을 수 있다. 그러나 주택 디자인은 그 나라의 건축 수준과 직결한다. 특히 건축법규는 건축가가 해결할 수 없는 문제이므로 이러한 고충을 고려하여 건축가가 긍지를 갖고 작업할 수 있는 환경을 만들어 주어야 한다. 주택 디자인은 서민의 삶을 바꾸는 중요한 요소라는 것을 염두에 두었으면 한다.

건물의 지붕은 사람의
헤어스타일과 같다

　동일한 건물에 평지붕의 이미지를 입혔을 때와 박공지붕의 이미지를 입혔을 때를 비교해보자. 다른 건물이라고 여길 정도로 건물의 전체 이미지가 달라진다. 이렇듯 건물의 형태에서 지붕의 이미지가 주는 영향은 무척 크다. 건물 지붕의 형태에 대해 반드시 고민해야 하는 이유이다. 건축가가 설계 시 지붕을 디자인한다면 설계 경지에 올랐다고 여겨도 무방할 것이다. 멋쟁이는 옷뿐 아니라 헤어스타일에도 적지 않은 공을 들인다. 우리가 비록 남루한 옷을 입어도 머리가 단정하다면 깔끔해 보일 것이다. 건축물도 마찬가지이다. 지붕이 어떤 디자인을 가졌는가에 따라 전체적인 건축 디자인이 달리 보인다. 지붕은 건축물의 하자에도 중요한 역할을 한다. 하자의 많은 부분이 지붕에서 발생하기 때문이다. 이렇듯 지붕의 역할은 아주 중요하므로 지붕 형태의 선택에는 이유가 있어야 한다.
　건물을 바라보았을 때 지붕을 인식하고 보는 사람은 많지 않다. 지붕

평지붕의 건물 / 박공지붕의 건물

을 인식하고 건물을 바라본다면 건축 형태를 보는 경지에 오른 사람일 것이다. 건축가는 공간을 만드는 사람이다. 건축설계 시 초기 작업은 내부 공간의 구조를 만들고 이에 따라 만들어진 외부 형태를 다듬기 시작한다. 이 외부 형태가 일반인들에게 건축 디자인으로 다가오는 것이다.

외부는 내부를 반영해야 하는가? 하는 질문은 설계 디자인에서 의문으로 다가온다. 제2의 지붕인 외피를 갖춘 건물을 보면 내부 공간이 외부 형태와 동일하다고 보기는 힘들다. 특히 지붕의 형태와 기능을 연관 짓기 힘들 것이다. 그렇다면 외피를 갖춘 건물에서 지붕이 하는 기능은 무엇일까? 지붕은 이미 존재하지만 맨 위의 지붕은 무엇 때문에 설치한 것일까? 이를 제2의 지붕이라 부른다. 이는 제1의 지붕을 보호하기도 하

제2의 지붕이라 불리는 외피를 갖춘 건물

지만 사실은 건축물의 단순한 이미지를 감추고자 하는 의도도 담겨 있다. 그러나 단순히 이를 위한 목적이라면 소요되는 비용에 대한 가치를 따져볼 만하다. 디자인은 비용을 요구하기 때문에 이를 통한 디자인 효과의 비용이 중요하다. 그래서 디자인은 보았을 때 즐거우면 된다. 굳이 이를 통한 효과를 따지는 것은 아마추어 같은 발상이다.

건축에서는 바닥, 벽, 지붕을 총칭하여 엔벨로우프라는 단어를 사용한다. 공간을 만들기 위해서는 이 엔벨로우프라는 역할이 중요하다. 이 엔벨로우프의 구성을 어떻게 하는가에 따라 내부와 외부의 형태가 달라진다. 이 엔벨로우프에서 건축 공간으로 여기는 최소한의 요소는 지붕이다. 바닥이나 벽만 존재한다면 건축 공간으로 여기지 않는다. 지붕은 건축 공간에 있어 최소한의 요소이다. 그래서 건축 면적을 산정할 때 지붕이 바닥을 얼마나 가리는가를 측정한다. 이렇듯 지붕의 역할은 디자인뿐 아니라 건폐율 산정에도 영향을 준다. 과거의 클래식 건축물은 이 엔벨로우프의 구분이 명확했다. 그러나 모던 이후 해체주의와 같은 형태가 등장하면서 엔벨로우프의 구분은 중요하지 않게 되었다. 즉 벽과 지붕의 경계는 사라지고 벽이 지붕이 되는 형태가 등장하게 된 것이다.

이러한 지붕 구조를 잘 이용하는 건축가로 프랭키 게리와 자하 하디드를 꼽을 수 있다. 포스트 모던 건축가들이 보았을 때 이러한 형태는 퇴폐적이고 비실용적이라고 여길 수도 있지만 디자인의 주인은 건축주이다. 그리고 도시에서 다양한 형태의 건축물을 볼 수 있다는 것은 젊은 세대가 선택할 수 있는 폭이 넓다는 것이다. 이런 건축물을 구경하는 것도 일상 속의 소소한 재미가 아닌가 하고 생각해 본다.

내가 건축가라면 다양한 건축 디자인을 도시에 채울 것이다. 특히 지붕에 다양한 디자인을 접목할 것이다. 지붕의 대표적인 것이 박공지붕과 평지붕인데 박공지붕이 의도적으로 쓰인 것은 르네상스였다. 그리고 평지붕 구조를 사용한 것은 르 코르뷔지에였다. 르네상스는 고대 그리스와 로마 양식을 건축물에 의도적으로 적용하려 했다. 그 일환으로 그리스의 삼각지붕이 건물 입구나 아케이드에 등장했는데 이는 일반 건축의 흔한 형태로 더 인간적인 형태의 심벌로 작용했다. 평지붕은 르 코르뷔지에 건축의 5원칙으로 옥상정원에도 적용되었다. 이 배경에는 당시의 기술적인 수준이 영향을 미쳤다. 박공지붕이 성행하던 시기에는 평지붕을 만들 기술이 없었지만 박공지붕이 오랜 세월 유지되어 왔다는 것은 그만큼 무난한 형태이기 때문이다. 평지붕의 전형적인 이미지는 떠올리기 쉽지 않다. 그러나 박공지붕이라고 하면 삼각형의 형태를 떠올리게 된다. 박공지붕은 시각적인 안정감을 주고 통일감을 주는 데 중요하다. 디자인은 이렇듯 안정감을 주기 위한 다양한 시도를 해야 한다.

평지붕으로 건축할 때는 지붕의 경사를 잡는 것이 중요하다. 이 경사의

동일한 지붕 형태를 갖춘 마을

다양한 지붕 형태의 건축물(미드저니)

집합 장소가 홈통이다. 홈통의 역할은 하자에 있어서 많은 부분을 차지한다. 그러나 박공지붕은 처마로 경사의 끝을 잡은 자리에 홈통을 설치하기에 평지붕보다 경사에서 생기는 하자가 적다. 일반 주택처럼 건축비가 많이 요구되지 않는 건물에는 이러한 점을 감안하여 박공지붕을 권장하는 것이 옳다고 생각한다. 새마을 운동을 통해 대부분의 농촌이 함석지붕으로 변화된 시기가 있었다. 그러나 지금은 오히려 평지붕으로 많이 바뀌고 있는데 이는 박공지붕을 설계할 수 있는 건축가가 많지 않거나 이에 대한 인식이 부족한 것으로 추측한다. 농촌에 가 보면 주변에 자연적인 환경을 갖고 있는 반면 주택들의 지붕은 이질적으로 보이는 경우가 많다. 우리의 고전적인 지붕을 고집할 필요는 없으나 대지에 적합한 디자인도 괜찮을 것이다. 지붕은 대지를 올린 것이다. 르 코르뷔지에가 옥상정원을 고집한 이유이다. 또한, 지붕은 건물 뒤로 보이는 등고선의 반영이다. 우리의 시각은 의식과 무의식이 동시에 작용한다. 내가 건축가라면 이 둘의 만족이 무엇인가 생각해 볼 것이다. 의식은 변화되지만 무의식은 기억의 고향으로 남는 것처럼 건물의 지붕은 그 건물의 이미지에 대한 기억의 고향으로 남을 것이다.

시대에 따라 변화하는
모범적인 건축물

 건축물은 완공 후 마음에 들지 않는다고 해서 건축물을 제거하고 다시 만들 수 있는 것이 아니다. 그래서 건축하기 전 많은 고민과 기술적인 내용이 담겨야 한다. 하나의 건축물을 완성하기 위해서는 기본적으로 건축주, 건축가 그리고 시공자가 필요하며, 이 세 부류는 하나의 건축물을 완성하기 위하여 절대적인 공조가 필요하다. 이러한 노력이 있어야 좋은 건축물을 만들 수 있다. 그렇다면 좋은 건축물은 무엇일까?

 우리가 알고 있는 세계적 건축물은 모두 좋은 건축물인가? 유명해진 이유가 분명히 있을 것이다. 건축물을 경험하는 방법에 대하여 브루노 제비는 세 가지 방법을 제시하였다. 육체적 경험, 감성적 경험 그리고 이성적 경험이다. 이는 요즘 유행하는 MBTI와도 관련이 있다. 즉, 좋은 건축물은 이 모든 성향을 만족해야 하는 것이다. 무엇이든 경험하지 않고 그 대상에 대하여 논하는 것은 탁상공론이다. 즉, 브루노 제비는 경험적 결과를 중요시한 것이다. 이에 동의한다.

　좋은 건물의 기준은 다를 수 있다. 일반적으로 좋은 건물이라고 평가하는 것은 다양한 데이터를 근거로 하지만 일단 하나의 건축적 흐름에 긍정적인 영향을 줄 때 전문가들은 훌륭한 건축물이라고 평한다. 여러 건축적 사조에 대한 원조가 되거나 이를 정례화시키고 이 흐름에 지대한 영향을 미치는 부분을 본 것이다.

　근대 이전의 건축물은 주로 시대적 영향이 컸으나 근대 이후에는 페트론 체제의 붕괴로 인해 개인적인 취향이 반영되기 시작했다. 또한, 중세는 기독교 시대이므로 건축물 형태에 기독교적 영향이 반영되었다. 지붕은 하나님을 의미했으며 대부분 건축물의 평면은 십자가 형태로 만들어졌다. 그리고 근세는 권력의 다양한 변화로 하나의 중심에서 점차 형태의 중심이 다변화되면서 왕실의 권력자, 종교 지도자, 그리고 부르주아의 권력이 건축뿐 아니라 사회 전반에 등장하면서 형태의 다변

프랭크 로이드의 모던 건축물 '낙수장'(미드저니) / 클래식 고딕 건축물

기술의 자신감을 보여주는 레이트 모던 건축물

화를 보이기 시작한다. 이러한 사회의 변화는 민주주의의 탄생을 알리며 형태 변화에도 새로운 바람이 부는 계기로 작용했다. 이렇듯 모범적인 건축 형태의 기준은 시대에 따라 변화해왔다.

　모범적인 건축 디자인은 무엇인가에 대한 의문은 클래식이 무너지고 근대가 들어서면서 그 기준이 오히려 모호해진 것이다. 오랜 세월 속에서 변화해온 형태주의 건축물은 근대 이후 급격하게 달라졌으며 기능주의가 모범적인 건축 디자인인 것처럼 인식되기 시작했다.

건축가의 의무에 대하여

 루이스 칸은 브루탈리즘에 대한 새로운 인식을 가졌으며, 피카소의 입체파 미술은 건축에도 영향을 주어 미래파와 디 스틸을 탄생시킨다. 근대 이후 레이트 모던은 구조에 대한 자신감으로 형태에 모험적 실험을 선보이면서 모범적인 건축 디자인에 혼란을 가져왔으며, 1972년 미주리주 프루이트 이고우 사건은 잠시 멈추었던 클래식에 활력을 불어넣어 포스트 모던을 역사 속으로 재등장시켜 모범적 건축 디자인에 대한 분야를 더 넓힌다. 이에 모던이 불안감으로 등장시킨 것이 바로 네오 모던이다.

 모던 이전에 모범적 건축 디자인은 명확했다. 그러나 모던 이후는 그 기준이 이제 건축물의 선택자가 된 것이다. 모던 이전의 모범적 건축 디자인은 훨씬 명확했다. 그러나 모던 이후는 그렇지 않다. 모던 이전은 그 기준이 명확한 반면 획일적이었다. 그러나 모던 이후에는 그 기준이 명확하지 않은 반면 다양한 선택을 할 수 있는 기회가 생겼다. 이제는 클래식과 클래식이 아닌 것의 무대가 펼쳐진 것이다. 이로 인해 건축 형태에 대한 선택도 시대가 결정하던 과거와 달리 개인적 취향이 큰 몫을 하게 된다. 현대는 전체적인 흐름을 중시하던 과거와 달리 실리적인 것을 추구한다. 특히 설비의 발달은 건축 형태가 갖고 있던 다양한 문제를 많이 해결해 주었기 때문에 자유롭게 선택할 수 있는 폭이 넓어졌다. 내가 건축가라면 형태를 위한 형태를 만들지 않고 건축물의 사용자를 최대한 배려하여 만들 것이다. 물론 건축가는 사람들이 잘 알지 못하는 전문적인 내용을 건축물에 담으려고 노력해야 할 것이다.

　모범적인 건축 디자인은 건축주의 결정이 중요하다. 그가 만족해야 하기 때문이다. 내가 건축가라면 건축주와 많은 대화를 할 것이다. 그리고 그가 원하는 것이 무엇인지 빠짐없이 정리할 것이다. 그러나 건축물은 건축가의 작품이기도 하다. 그래서 그와 나누는 대화 중에 내가 원하는 디자인의 방향을 전달할 것이다. 대부분의 사람들은 보이는 것에 중점을 두기 때문에 단지 보이는 것에 의존하여 판단하기 마련이다. 그래서 건축가가 필요한 것이다. 설계에는 보이지 않는 부분이 있다. 아는 것만큼 보이기 때문이다. 그래서 건축가는 이를 설계에 담아야 한다. 건축물은 완성된 후 그 기능이 효력을 발휘하기 때문에 이에 대한 안목 또한 있어야 한다.

　모범적인 건축 디자인은 형태만을 의미하는 것이 아니다. 형태는 오랜 시간이 지나면 시들해질 수 있다. 하지만 이 형태에 대한 만족이 지속된다면 이는 훌륭한 건축가가 틀림없다. 그러나 기능 또한 중요하다. 동선, 빛 그리고 환기는 외부를 담당하는 형태가 아니라 내부적인 내용이다. 이 요소들은 아주 기본적인 내용으로 모범적인 디자인을 결정하는 데 무척 중요한 부분이다.

　모범적인 디자인을 갖고 있는 건축물을 제공하는 것은 건축가의 의무이다. 건축주의 역할이 중요하다고 했지만 사실은 건축가가 이를 제공할 수 있는 능력을 갖추어야 한다. 건축물은 건축가의 자질이 담긴 작품이다. 건축주의 요구 사항을 표현하는 것이 아니라 건축주의 요구 사항을 최상의 조건으로 담고 풀어내야 하는 것이다. 설계는 누구나 할 수 있지만 훌륭한 건축물을 만들어내는 것은 누구나 할 수 없다.

공간의
진정한 의미

공간은 아리스토텔레스의 말처럼 무엇인가 담을 수 있는 장소를 말한다. 그런데 이 장소의 의미는 너무 광범위하다. 그의 말을 따르면 서랍, 가방, 상자, 가방 등 모두 공간에 속한다. 무엇인가를 담으려면 속이 비어 있어야 한다. 이 의미는 물리적 공간에서 적용된다. 물리적 상황에서 공간의 규모는 한계가 있다. 무한정 담을 수 있는 것이 아니고 용량에 한계를 갖고 있다. 심리적 상황에서는 다르다. 심리적 공간은 용량의 한계가 없다. 사람은 여러 친구를 마음에 담을 수 있고 수없이 많은 추억을 뇌에 저장하고 있을 수 있으며 여러 가지 상황을 기억해 낼 수 있다. 건축가는 공간을 만드는 사람이다. 건축가는 물리적 공간에 심리적 공간을 연출해야 한다. 그러므로 건축은 심리학에 가깝다. 이 심리학은 동일한 물리적 공간이라도 심리적 상황에 따라 다르게 작용할 수 있다. 매시간 매 상황에 따라 동일한 물리적 공간이라도 다르게 작용할 수 있는 것이 건축 공간이다. 건축가는 이러한 공간의 성격을 얼마나 섬세하고 상상하며 이를 어떻게 준비하는가에 따라 공간의 질을 다르게 만들 수 있다. 사람의 심리는 섬세하기 때문이다.

건축물은 공간이 모여서 만들어진 매스이다. 공간이 어떻게 구성되는가에 따라 내부와 외부의 형태가 달라진다. 이 구성은 그 건축물의 기능이 결정한다. 건축물이 어떤 기능을 해야 하는가 결정되면 그에 다른 공간의 종류와 구성이 결정된다. 이는 건축주의 요구사항과 건축가의 아이디어가 합쳐져 완성된다. 그렇지만 공간의 구성은 방위가 영향을 주고 대지 주변의 환경이 영향을 미친다.

공간 구성에 있어서 기본적으로 동선, 빛 그리고 환기는 필히 고려해야 하는 사항이다. 이 사항들이 구조를 결정하지만 후에 공간 사용자들에게 중요한 영향을 미치기 때문이다. 동선 하나도 여러 요인으로 작용하고 빛은 공간의 성격을 결정하는 데 중요하다. 환기는 사용자의 건강에 영향을 끼치므로 이에 대한 지식이 있어야 한다. 건축가는 도면을 그리는 사람이 아니고 이러한 요인들을 고려하여 공간 배치를 하는 사람이다.

건축가가 공간 배치를 할 때 건축가의 설계 언어, 경험 그리고 배려가 적용된다. 설계를 보고 잘 풀었다는 언어를 사용한다. 이는 건축물 설계도를 그림처럼 그리는 것이 아닌 주어진 상황을 잘 이해하고 이를 예상되는 문제를 최대한 찾아내어 발생하지 않게 하는 것이다. '디자인=기능 + 미'이다. 이는 전체적인 이론이고 실질적으로 '디자인=문제해결'이다. 능력 있는 건축가를 만나는 것은 행운이다. 많은 경험을 능력과 연결하는 것은 옳지 않다. 경험이 적다고 해서 능력이 없다고 말할 수 없는 것이다.

얼마나 꼼꼼하고 문제해결을 위한 노력을 하는가가 중요하다. 뉴욕의 쌍둥이 세계무역센터가 무너진 후 새롭게 들어선 건축물의 설계자는 다니엘 리베스킨트였다. 당시 지명 공모전에 초대된 건축가들은 다니엘보다 더 많은 경력을 가지고 있었다. 그러나 뉴욕은 그의 설계를 채택했다.

훌륭한 건축가들은 자신의 디자인 스타일을 갖고 있다. 이것이 마치 트레이드 마크처럼 쓰인다. 예를 들어 중국계 미국인 건축가 아이엠 페이는 삼각형 모양, 이라크계 자하 하디드는 사막의 언덕과 모래바람, 그리고 리처드 마이어는 백색과 제2의 표면 등 자신만의 디자인 언어로 형태를 만들어낸다. 그들은 이러한 디자인 속에 자신만의 콘셉트로 공간을 구성한다.

건축은 공간을 만들어내는 작업이지만 공간이 직선으로 이뤄져야 한다는 개념은 다시 한번 생각해 보아야 한다. 공간은 기능적인 것이 우선이지만 공간이 주는 또 하나의 기능은 상상력이다. 사각형에 직선으로만 만들어진 공간은 실용적일 수 있다. 그러나 사람은 공간 성격에 많이 좌우되는 심리를 갖고 있기도 하다. 많은 것은 오히려 고정관념을 갖게 할

아이엠 페이 / 자하 하디드 / 리처드 마이어의 콘셉트가 적용된 건축물(미드저니)

가우디의 파밀리아 대성당 내 설치된 조명

수 있다. 사각형의 공간이 역사 속에서 꾸준히 등장한 것은 구조적인 면에서 용이한 점이 있겠지만 안정되고 무난하기에 지금도 이어지고 있다. 그러나 비용이 더 요구되더라도 다양한 공간의 존재는 우리에게 다른 상상력을 줄 수도 있다. 이를 비용적으로 계산할 수는 없다.

건축은 공간을 만드는 작업이지만 이에 부수적인 작업도 이어진다면 그 기쁨은 더할 것이다. 가우디의 파밀리아 대성당 조명은 실로 웅장하여 보는 이로 하여금 감탄을 자아내게 한다. 이는 그러한 공간이 존재했기 때문에 가능한 것이다. 즉 공간은 공간 디자인에 대한 아이디어를 제공하는 역할도 한다. 공간의 역할은 그 기능을 떠나서 본질적인 내용 외에 제공해주는 요소들이 많다. 그래서 공간을 만드는 것은 그 기능 이상으로 중요한 이유를 지닌다.

아리스토텔레스의 말처럼 공간은 무엇인가를 담아내는 장소이다. 인간을 위한 공간은 그 범위가 무궁무진하다. 건축을 잘하려면 사람을 사랑해야 한다. 사람에게 한계란 없으며, 공간의 진정한 의미는 그 넓이나 화려함의 비교에 있지 않고 그 공간을 공유하는 사람과의 관계에서 평가받을 수 있기 때문이다.

행복한 공간은 무엇인가? 사람, 가구, 컬러, 원하는 것의 채움 등 그 원인을 정의하기 어렵다. 건축이 종합예술이라 부르는 이유가 여기에 있다. 전문가라면 사람들이 원하는 것이 무엇인지 정확히 짚어낼 수 있어야 한다. 때로 방송이나 잡지에서 건축가가 아닌 일반인이 손수 지은 집을 소개하는 내용을 볼 때가 있다. 무엇보다 경비 절감에 대하여 만족스러워한다. 그러나 건축가가 존재하는 이유가 있다. 건축가는 공간을 공식처럼 구성하지 않는다. 공간은 공장에서 찍어 내는 물건도 아니다. 공간은 인간의 삶을 만들어내는 무대이다.

공간은 개인적 공간, 공유 공간, 그리고 준 공유(개인) 공간이 있다. 내가 건축가라면 공간의 분리와 공간의 공유를 분명하게 만들려고 노력할 것이다. 만나고 싶을 때 만나고 피하고 싶을 때 피할 수 있는 공간이 존재한다면 그곳은 중성적인 성격을 갖게 되고 선택이 가능한 공간이 될 것이다.

도시에 깔린
다양한 카펫들

 카펫의 용도에 대한 정의를 인터넷에서 찾아보면 '바닥에 깔거나 벽에 거는 용도로 사용하는 천'이라고 설명하고 있다. 카펫은 바닥이나 벽을 가리는 역할을 한다. 가린다는 것은 기능적인 부분을 말한다. 바닥에서 오는 냉기를 차단하기 위한 목적이 우선이다. 그래서 우리나라처럼 온돌을 사용하는 나라에서는 카펫을 잘 사용하지 않는다. 이렇듯 카펫은 바닥의 냉기를 차단하기 위한 목적으로 사용되기 시작했지만 카펫이 공간을 꾸미는 역할로 자리하면서 다양한 디자인의 카펫이 등장하게 된 것이다. 벽에 거는 카펫 또한 마찬가지이다. 그렇다면 도시라는 공간의 카펫은 무엇인가? 건물 내 공간보다 도시 공간은 훨씬 더 규모가 크다. 그래서 한눈에 들어오지 않아 그 기능이 건물 내 공간과는 다를 수 있다. 카펫 아래는 본래의 재질이 있다. 그렇다면 도시의 본 바닥은 무엇이었을까? 바로 흙바닥이다.

흙은 모든 것의 본질이며 흙바닥은 모든 표면의 고향이다. 그러나 도시의 표면이 흙으로 되어 있다면 편안함을 줄 수는 있지만 여러 가지 단점이 있다. 그래서 바닥 표면의 기능을 더 원활히 하기 위해 덮은 것이 바로 카펫이다. 이 카펫은 도시의 먼지를 줄이고, 자동차가 잘 굴러다닐 수 있도록 하며 사람들의 보행을 편리하게 돕는 등 다양한 기능을 한다. 이 기능에는 반드시 물리적 기능만 있는 것은 아니다. 심리적 기능도 중요하다. 대부분의 영역이나 재료가 인위적이라면 도시는 메마른 느낌을 줄 수 있다. 그래서 자연적인 느낌을 살리려 녹지라는 카펫을 깐다.

도시가 어떤 재료와 컬러, 그리고 어떤 형태의 카펫을 갖고 있는가에 따라 도시민들이 얻는 이미지는 크게 달라진다. 이는 도시 건축가의 예술적 자질과 능력에도 좌우된다. 훌륭한 도시 건축가가 있는 도시는 분

도시의 다양한 바닥 디자인

명 다르다. 아름다운 도시는 의도적으로 기억할 필요가 없다. 자연스럽게 우리의 뇌에 기억되기 때문이다. 아름다운 도시에는 아름다운 것이 있다. 그 아름다운 요소들은 그 도시민을 아름답게 한다. 이 작용에 도시의 카펫은 중심적인 역할을 한다. 모든 작업에는 기능과 아름다움이 동반되어야 만족감이 높다. 내가 건축가라면 반드시 이 두 가지를 병행할 것이다. 물론 기능이 먼저다. 그러나 조금만 더 신경 쓴다면 반드시 아름다움을 추가할 수 있다.

아스팔트 카펫은 단순히 기능적인 부분만 고려한 것이다. 물론 모든 작업에는 비용이 든다. 그러나 장기적인 계획과 도시민을 위한 작업에는 비용을 들여야 한다. 건축은 궁극적으로 물리적인 것이 아니고 심리적인 작업이다. 이러한 배경에 사람들은 어떤 심리적 반응과 효과를 보게 될 것인지 도시 건축가는 반드시 이를 연구해야 한다. 공무원 위주로 진행하는 도시 작업이라면 공무원은 비용을, 작업자는 기능과 아름다움을 생각해야 옳다. 모든 작업의 순서는 먼저 비용을 책정하고 그에 맞춰 작업을 하기보다 작업의 질을 먼저 생각하고 그에 맞춰 비용을 책정하는

도시 바닥에 깔린 아스팔트

것이 옳다. 그러나 그 반대의 경우가 많기 때문에 큰 효과를 보지 못하고 있다.

비용은 곧 질이다. 주변이 녹지로 둘러싸인 도로 카펫의 경우 걷고 싶은 욕구를 불러온다. 그러나 단순히 아스팔트로 포장한 경우는 기능뿐이며 이는 자연에도 좋지 않다. 모든 재료는 숨을 쉬고 있고, 대지도 마찬가지로 숨 쉬는 공간을 주어야 한다. 도로의 돌 사이가 그 틈이고 녹색 카펫으로 뒤덮인 영역이 바로 허파이다. 이러한 도시 카펫으로 덮인 도시에 사는 것은 분명 행운이다.

녹지 카펫으로 뒤덮인 거리

도로의 고유 기능에
미(美)를 더한다면

도로는 신체의 혈관과 같다. 도로 정비는 나라 경제와 비례한다. 잘사는 나라일수록 도로 정비가 잘되어 있다. 이는 구석구석까지 관리가 잘되어 있음을 의미한다. 도로는 목적지까지 무난하게 도달하게 해주는 기능이 있어야 하며 차도, 자전거도로, 그리고 인도의 순으로 조성되어 있어야 한다. 도로 또한 사람을 보호하기 위한 차원에서 만들어진 것이므로 이 순서는 중요하다. 차도가 있는 장소에서 대부분의 골목은 우측으로 휘어지게 되어 있다. 그래서 인도는 가장 안쪽에 배치되어 있어야 안전하다.

차도이든 인도이든 그 길을 사용하는 사람들은 일정한 목적지를 향하고 있다. 그래서 그 길을 신뢰하며 사람들은 도로를 선택하는 것이다. 차도와 인도의 구분은 미래파의 등장과 함께 명확해졌다. 미래파는 속도와 소음을 미의 가치로 여기던 1900년대 초의 이탈리아 운동이다. 이들은 젊음, 속도, 힘, 기술에 대한 내용을 강조하였다. 이탈리아에서 시작된 이 운동은 추측하건대 로마가 닦아 놓은 도로를 통해서는 목적지에 도달하기 힘들었기 때문에 탄생한 것이 아닌가 한다.

먼저 차도를 살펴보면 차량은 사람의 속도와 달라서 이를 수용할 수 있는 도로가 조성되어야 한다. 차도는 시내도로, 접경지역 도로, 그리고 국도나 고속도로 같은 시외 도로, 이렇게 세 가지로 구분할 수 있다. 운전 시 대부분의 사람들은 전방을 주시하며 달린다. 시내 도로는 다른 도로에 비하여 신호등과 같은 설치물로 인해 빠른 속도를 내기가 힘들다. 즉 주변을 살펴볼 수 있는 여유가 있다는 것이다. 이를 감안하여 내가 건축가라면 시내 큰 도로 주변을 다양한 콘텐츠가 가능하도록 설계할 것이다. 도로의 기능은 목적지로 인도하는 것이지만 가는 동안 다양한 콘텐츠가 있다면 그 거리의 길이는 물리적인 길이보다 훨씬 짧게 느낄 것이며 즐거움이 더할 것이다. 도로는 규칙성이 있어야 한다. 그 도로를 빈번하게 다니는 사람들보다 처음 그 도로를 접하는 사람들에게도 규칙을 인식할 수 있도록 한다면 그 거리는 기억될 것이다.

도로는 목적지를 향하는 차량의 길이다. 미래파의 의도대로 빠른 시간에 목적지에 도달하기 위한 수단이다. 이것은 도로의 고유 기능이다. 여기에 도로 주변에 다양한 콘텐츠가 있다면 그것은 도로에 아름다움을 입히는 일이 될 것이다.

세 가지 도로 중 시내도로는 이 도로를 기준으로 하지 않아도 그 주변은 다양한 내용으로 채워질 것이다. 그래서 이 도로 주변의 내용들이 이 도시의 기억으로 남을 것이다. 예를 들어 테헤란로의 경우 성벽처럼 둘러쳐진 빌딩들은 이 도시가 어떤 이미지를 가졌는지 알려줄 것이다. 그러나 강변북로 같은 경우는 테헤란로와는 전혀 다른 이미지를 선사한다. 도로는 자동차가 운행되는 목적으로 존재하지만 또 다른 역할도 한다. 이렇게 어느 도로를 주로 다니는가에 따라 그 도시의 기억을 달리할 수 있다.

국도 또한 마찬가지이다. 국도는 고속도로와 다르게 도시 내 고속화 도로로 신호등이 존재하지만 도로를 감싸고 있는 풍경은 시내 도로와 다르게 전원 풍경을 선사한다. 그 나라의 이미지를 각인시키는 역할을 한다고 볼 수 있다. 그래서 도로 주변에 이를 신경 써 가꾸고 꾸민다면 그 지역에 대한 홍보에 많은 역할을 할 수 있다.

고속도로는 각 도시를 연결하는 기능을 부여받았다. 시내 도로와 비교해 신호 체계나 도로 주행에 방해가 되는 시스템이 없는 상태로 **빠른 주행**을 목적으로 한다. 그래서 주변을 바라보기보다는 목적지에 빨리 도달하는 데 그 목적이 있다. 그러나 고속도로는 여러 지형을 지나 운행되기 때문에 다양한 콘텐츠가 나타난다. 여기서 자동차들이 빠르게 움직이기에 문제가 생기면 한순간에 차가 막히는 현상이 발생한다. 이럴 때 대부분의 사람들은 도로에 어떤 문제가 발생했다고 여긴다. 하지만 반드시 그렇지는 않다. 저멀리 산이나 경치가 시야를 막고 있다면 자동차는 무의식

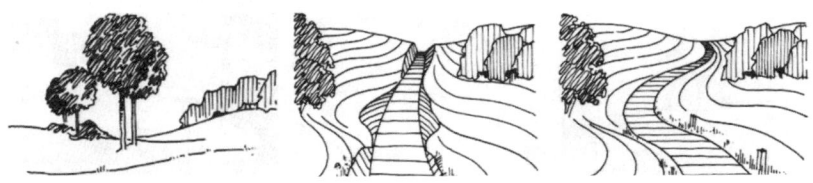

등고선을 따라 만든 도로

적으로 속도를 줄이는 현상이 있다. 그래서 고속도로를 낼 경우에는 이를 감안해야 한다.

일반적으로 도로를 내는 경우 도로공사는 출발지와 도착지를 정한 후 공사를 진행한다. 그러다 보면 두 개의 산으로 만들어진 계곡을 지나야 하는 경우가 있다. 이런 경우 그 계곡을 뚫고 가면 좌우로 옹벽이 생긴다. 그렇지 않으면 터널을 만들어야 할 것이다. 여기에는 부득이한 사정이 있겠지만 가능하다면 등고선을 따라 도로를 만드는 것이 유리하다. 거리면에서 차이가 있겠지만 시각적으로나 자연을 위한 방법으로 이러한 도로 설치가 여러 면에서 유리하다. 특히 장마 시즌에 토사가 무너지는 현상은 최소한 방지할 수 있다. 이러한 곳에 도로를 내야 한다면 다양한 경우가 있겠지만 환경은 달라도 기본적인 콘셉트가 있어야 한다. 여기에는 높은 나무와 낮은 나무가 있다. 직선거리를 내고자 할 때 가장 좋은 방법은 큰 나무를 제거하고 이 방향으로 도로를 내는 것이다. 그러면 단이 생겨 도로를 위한 작업이 용이해질 것이다. 그러나 그것은 좋은 방법이 아니다. 이러한 환경에서는 자연적인 조건을 최대한 살리는 것이 좋다. 도로 또한 자연환경의 일부가 되어야 하기 때문이다.

대지의 단 차이를 이용하지 않은 경우(좌)와 이용한 경우(우)

좌측에 큰 나무가 있다면 이를 제거하고 도로를 내었을 때 대지의 단차이가 만들어진다. 그러나 큰 나무를 건드리지 않고 도로를 우회해 건설한다면 도로와 대지의 단 차이도 많지 않아 물이 넘치는 현상을 막을 수 있을 뿐 아니라 대지의 흐름을 따라 만들어져 자연스럽다.

자동차로 도로를 달리다 보면 간혹 아름다운 도로를 경험하게 된다. 이는 사실 도로 자체가 아름다운 것이 아니라 그 주변 환경이 주는 느낌이다. 이들의 공통점은 바로 자연이다. 자연이 주는 느낌은 다양하고 순간순간 다르다. 그래서 가능하면 현존하는 자연을 최대한 살리는 방향이 가장 좋다. 이는 도시에 있는 도로도 마찬가지이다. 일반적으로 도시에는 방음벽을 많이 볼 수 있는데 이런 인위적인 방법보다는 자연의 나무나 언덕을 이용하여 소음이 반사되도록 한다면 훨씬 아름다운 도로를 갖출 수 있을 것이다. 내가 건축가라면 어떻게 설치할 것인가를 고민하지 않고 어떻게 기존의 것을 살리면서 설치할 것인가를 먼저 고민할 것이다.

도로는 목적지에 도달해야 하는 기본적인 기능이 있지만 그 외 부수적인 기능에 의하여 기억된다. 진정한 미는 기능에 미를 합친 것이다. 그래서 어떤 작업을 할 때 기능적인 부분만 생각한다면 완성 후 어딘가 아쉬움을 느끼기 쉽다. 이는 미를 놓쳤기 때문이다. 기본적인 기능에 부수적인 기능을 생각한다면 실패의 확률은 그만큼 낮아질 것이다.

다양한 경관을 배경으로 건설된 도로들

자동차를 위한 도로(Road),
보행자를 위한 거리(Street)

영어에 Road(도로)와 Street(거리)라는 단어가 있다. 이 두 단어가 다르게 존재한다는 것은 분명 의미 또한 다를 것이다. 브리태니커 사전에서 이 두 단어를 찾아보면 Road는 지역과 지역을 연결하는 기능을 하고 Street는 양쪽 건물 사이에 있는 도로를 의미한다. 농업이 시작되면서 집에 정착하게 되어 주택이 생기고 이로 인해 거리와 골목이 만들어지며 마을이 생기고 마을끼리 무역을 하면서 도로와 고속도로가 만들어지기 시작한 것이다. '모든 길은 로마로 통한다'에서 이 길은 Road를 의미한다. 도로보다는 거리가 시민에게는 더 친근감을 주는 곳이다. 거리 또한 도로처럼 목적지로 안내해주는 기능을 해야 한다. 도로는 자동차를 위한 기능을 더 많이 갖추었다면 거리는 보행자들에게 더 친숙한 곳이다. 보행자들의 속도는 자동차와 비교가 되지 않는다. 이는 곧 시각적으로 더 많은 것을 얻을 수 있다는 것이다. 그래서 거리의 기능은 도로보다 더 많은 세분화를 요구한다. 거리는 가끔 자동차를 위한 영역과 보행자 그리고 건물이 주변을 감싸고 있다. 이는 거리의 구성 요소이다.

내가 건축가라면 거리의 기능에 미를 더할 것이다. 해외여행을 하다 보면 낯선 거리를 눈여겨보게 된다. 몬트리올의 류 웰링톤, 멜버른의 거트루트 거리, 글래스고의 그레이트 웨스톤, 대만의 용캉거리, 홍콩의 타이핑샨, 베를린의 오라니엔 거리, 토론토의 오싱턴 에비뉴 등 세계에는 다시 한번 가고 싶은 거리들이 무척 많다. 이 거리들의 공통점은 각각의 콘텐츠가 있다는 것이다. 주 기능 외에 거리를 찾는 사람들이 즐길 수 있는 무엇인가를 제공한다는 것이다. 이 콘텐츠는 시민의 요구에 의한 것도 있지만 대부분 상권이 자연스럽게 형성되면서 알려지는 경우가 더 많다. 즉 판매를 목적으로만 하는 것이 아니라 거리에 미를 더한 것이다.

미의 기준은 다양하다. 시각적인 것도 있지만 감성적인 것도 있고 시간적 여유도 있다. 독일 하이델베르그의 보행자 거리는 이 모든 것을 경험할 수 있는 거리이다. 다양한 감성을 만족시키기는 어렵고 미의 선택은 개인에게 달려 있다. 거리에 다양한 이벤트가 존재해야 하는 이유이다. 유럽은 역사가 거리에 같이 존재하기에 이러한 것들이 가능하다. 거리를 감싸고 있는 건축물들이 역사적인 의미를 담고 있고 과거에는 마차와 사람이 같이 다녔던 장소이기에 지금의 거리 폭과는 차이가 있다. 우리나라는 한국 전쟁을 겪으면서 도시 계획이 많이 바뀌었다. 반드시 미국이나 유럽과 같은 거리 형태를 가질 필요는 없지만 이제는 우리도 우리만의 미가 존재하는 거리를 꿈꿔볼 시기이다. 그동안 우리나라는 기능적인 거리를 조성하는 데 여념이 없었을 것이다. 이제 도시 계획을 꿈꾸는 이들은 자연스러운 거리와 의도적인 거리가 가능하도록 계획해야 한다.

 예술의 거리, 음악의 거리, 커피의 거리, 꽃의 거리 등 테마는 다양하다. 우리에게는 이태원 젊은이의 거리, 여의도 벚꽃 길 등이 있다. 그러나 이 거리는 너무 혼잡하다. 사람들이 다양하게 선택할 수 있는 거리가 존재하지 않기 때문이다. 테마가 있는 거리는 사계절 모두 그 모습이 가능해야 한다. 거리는 강요가 아니라 선택이어야 한다. 거리에 다양한 콘텐츠가 존재한다면 사람들은 그 거리를 걷고 싶고 방문하고 싶을 것이다. 이는 먼저 그 거리에 자리하고 있는 상권의 노력도 필요하지만 도시가 이를 가능하도록 법이 뒷받침되어야 하고 가능성을 제공할 수 있어야 한다. 건물과 거리가 존재하는 기능만 있는 것이 아니라 재미와 구경거리가 뒷받침되는 미가 공존해야 한다. 때로 거리는 낮과 밤의 모습이 다를 수도 있다. 업무시간에는 고요한 거리였다면 퇴근 후에는 불빛이 있는 거리로 휴식을 취하거나 지인을 만나는 장소로 변화해야 한다. 우리나라는 사계절이 뚜렷하기에 계절에 따른 거리 조성이 가능하다. 이 같은 장점을 살린다면 같은 공간에 대해 다른 느낌을 가질 수 있을 것이다. 일반적으

독일의 작은 동네(키츠; Kiez) 거리 / 메데인 비아 프로벤자

로 사람들은 사람들이 있는 곳으로 간다. 젊은이는 장소 그 자체가 젊음이다. 굳이 꾸미지 않아도 그들의 존재가 꾸밈이고, 그들이 자유로운 환경을 만들어간다. 젊은이들에게 화려함은 필요치 않다. 젊은이의 존재 자체가 거리를 젊게 만들 것이다. 그들이 곧 미이다.

각 나라의 도시는 그곳에 거주하는 사람들의 성향이 그대로 드러날 수 있다. 그러나 지금 우리 거리의 모습은 우리 젊은이의 성향이 절대 아니다. 그리고 과거와 달리 성향도 많이 달라졌다. 도시 건축가는 이러한 성향을 반영하거나 도시민에게 과거와는 다른 분위기를 제공할 수 있도록 계획을 세워야 한다. 내가 건축가라면 기능을 우선시하고, 여기에 미를 채울 수 있는 가능성을 제공할 것이다. 그렇다면 거리는 다양한 시민들의 장소로 변화할 것이다. 사람들이 많이 모이는 강남을 가 보면 오히려 대로 전면보다는 뒷골목이 더욱 활기차다. 그러나 이 거리는 사람들이 거리를 즐기기보다는 건물의 내부 또는 외부를 선택해야 하는 결정을 내려야 하는 곳이 대부분이다. 건물은 건물주의 것이고 거리는 통행하는 사람의 것이지만 건물과 거리 사이는 시민 모두의 것이다.

도시의 싱크홀이
던지는 경고

 싱크홀은 여러 가지 요인에 의하여 지표층이 움푹 들어갔거나 구멍이 난 것을 말한다. 싱크홀 발생의 원인에는 여러 요인이 있어 정의를 내리기는 어렵다. 그러나 공통적인 원인은 지표수가 지하 통로로 흘러들어 지표면 아래에 구멍을 만들면서 침하가 생기는 현상이다.
 일반적으로 싱크홀은 자연 상태에서 많이 발생하는데 퇴적물이나 부서진 암석에 물이 침투하여 지표수를 배수하는 과정에서 일어난다. 즉 탄산염 암수의 화학적 용해 또는 붕괴와 질식 과정에서 일어나는 것이 일반적이다. 일반적인 형태는 원형으로 나타난다. 질식은 카르스트(Karst) 지형과 관련이 있다. 카르스트는 석회암, 백운석, 석고 등 수용성 탄산염 암석이 용해되어 만들어진 지형을 말한다. 이 지역에는 석회암 하층에 황토와 같은 비점착성(풀이나 본드와 같이 액체에서 고체 상태로 변해 강한 접착력을 가지는 것) 물질이 놓여 있어 빗물이나 지표수 같은 것들이 점차적으로 토양을 쓸어

석회암이 많은 브라질 자연의 싱크홀 / 세계 각국에서 발생한 싱크홀

내 아래의 틈새로 들어가면서 공간을 만들어 생기는 현상이다. 즉 석고와 같은 용해가 쉬운 암석이 많은 곳에서 흔히 발생하는 현상이다. 그래서 우리가 방문하는 동굴 중 석회암 동굴이 많은 이유이다. 이것은 대부분 자연에서 싱크홀이 발생하는 원인이다. 그러나 도시에서도 이러한 싱크홀을 볼 수 있다.

일반적으로 도시 지역에서는 수도관 파손으로 인해 붕괴가 발생하거나 오래된 파이프가 무너지면서 하수구가 붕괴되어 싱크홀이 나타난다. 또한 지하수를 과도하게 펌핑하고 추출하는 경우에도 발생할 수 있다. 싱크홀은 자연적인 배수 패턴이 변경되고 새로운 물 전환 시스템이 개발되는 경우에도 형성될 수 있다. 지표면 아래 산업 및 유출수 저장 연못이 만들어지는 경우와 같이 지표면이 변경되면 일부 싱크홀이 형성되기도 한다. 지표면 지반 재료의 무게로 인해 지하의 빈 공간이나 공동의 지반이 붕괴되어 싱크홀이 발생할 수 있는 것이다. 즉 도시에는 이러한 인위적인 이유로 싱크홀이 발생할 수 있다.

  14년 동안 서울시 각 지역에 발생한 싱크홀의 개수는 어마어마하다. 송파구의 경우는 1년에 60개 이상의 싱크홀이 발생했다. 싱크홀은 크기를 떠나 발생 자체가 위험하다. 도시 싱크홀의 원인을 정확하게 꼬집을 수는 없지만 우선 지표면 아래에 있는 물을 원인으로 본다. 배수 패턴의 변화와 유출수의 관리 때문이다. 도시에서 발생하는 원인 중 하나는 수도관이 터져서 만들어진다는 것이다. 그러나 이러한 경우 일반적으로 싱크홀의 규모는 크지 않다. 싱크홀은 수도관에 의한 발생보다 지표면 아래에서 생기는 자연적인 원인이 더 위험하다. 어쨌든 싱크홀의 원인에는 물과

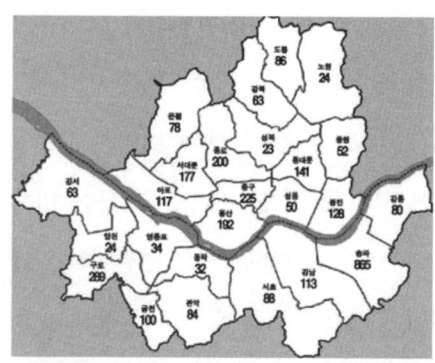

위) 지역별 싱크홀 발생 현황(2010~2014 기준) * 자료제공: 서울시청
아래) 도로가 전부 포장되어 물이 흡수되지 않는 도로

석회암의 원인이 크다. 그런데 도시에서 발생한 모든 싱크홀의 하부는 석회암으로 이뤄지지 않았다는 것에 주목할 필요가 있다.

도시 대부분의 도로나 인도가 아스팔트나 콘크리트로 포장되어 있다. 도로가 좁은 경우에는 크게 작용하지 않을 수 있으나 도로의 폭이 넓은 경우에는 지표면과 그 밑의 흙과 분리가 거의 완벽하여 지표면 아래로 물이 흡수되지 않는 경우가 많다. 비가 와 도로 면에서 물이 흐르는 속도와 땅에 흡수되는 속도는 같지 않다. 특히 대부분의 물이 땅에 흡수되지 못하는 환경에서는 물이 하수도까지 흘러가는데 하수도는 이를 충분히 수요하지 못하여 홍수의 원인이 되기도 한다. 이러한 환경은 도로 밑의 흙이 점점 건조한 상태가 될 것이다. 그렇다면 도로로 포장된 아래쪽의 흙은 시간이 지나면서 점점 건조해질 것이다. 이는 마치 물을 머금던 스펀지가 점점 말라가는 현상과 같다.

물은 투수층을 거쳐 지하수까지 물이 투수되어야 한다. 그런데 지표면에서 제공되는 물이 없다면 투수층은 메마르게 될 것이고 그 흙은 마치 건조한 스펀지 상태처럼 될 것이다. 이 경우 스펀지는 서로 연결되어 있어서 물이 침투되면 빈틈에 물을 채워 무게가 높아진 상태로 있지만 흙은 황토와 같은 비점착성이기 때문에 물이 침투되면서 빈 곳(Cave)을 따라 흙과 함께 쓸려 들어가 싱크홀이 발생할 수 있다.

도시 내 이러한 형태의 인도나 차도를 보게 되는 경우가 있다. 이는 단지 도시의 미관을 위한 작업은 아니다. 이러한 도로는 지표면 아래의 흙이 아주 건강하다. 이러한 지역은 배관에 의한 강제적인 원인이나 석회암이 지반으로 있는 경우가 아니면 결코 싱크홀이 발생하지 않는다.

서울의 빌딩 배치는 도시 콘셉트를 찾아보기 어렵다. 특히 한강은 특정 인을 위한 곳이 아니다. 한강의 주변을 보면 아파트가 마치 성벽처럼 둘러쳐져 있어 같은 단지라도 한강을 향한 뷰인지 그렇지 않은지에 따라 아파트의 가격에만 관심 있는 도시이다. 우리나라에는 건축가도 많고 도시건축가도 많지만 도시건축가는 일반 건축가에 비하여 사회적 대우가 낮은 편이다. 이는 도시 건축에 대한 인식이 낮으며 도시 정책이 전문가가 아닌 사람에 의하여 결정해도 된다는 위험한 사고가 존재하지 않나 의심하게 한다. 이러한 배치는 상당히 위험하다. 그 도시를 흐르는 강은 물의 의미 이상의 것을 도시에 제공하고 있다는 것을 인식해야 한다.

우리가 유구한 역사를 가진 유럽의 도시와 비교한다는 것은 무리가 있을 것이다. 강을 중심으로 한 유럽의 한 신도시로 살펴보면 고층 빌딩이

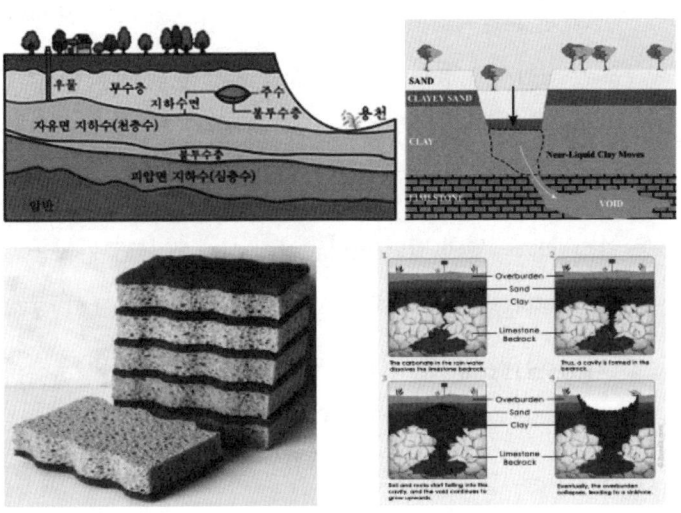

대지는 스폰지 같아 물이 흡수되지 않으면 싱크홀의 원인이 된다

한강 주변에 무거운 아파트가 강과 대지의 수분 연결을 막는다

벽처럼 둘러쳐져 있지 않다. 이는 미관의 콘셉트라기보다는 도시의 공기 흐름을 무리하지 않게 하려는 의도가 있다. 이러한 형태에서 강물의 온도가 도시에 전달되면서 도시의 열을 식히는 역할과 도시 공기 흐름을 원활하게 해준다.

서울처럼 한강을 높은 아파트들이 성벽처럼 막고 있다면 도시와 한강의 공기 순환은 원활하지 못하게 된다. 특히 강가에 몰려 있는 거대한 아파트들은 건조해진 아파트 도시의 대지에 강에서 흡수할 수 있는 물을 마치 스펀지를 누르듯이 차단해 도시의 대지를 더욱 건조하게 만든다. 도로가 온통 아스팔트로 덮여 있어 반사열이 도시에 가득한데 이를 순환시키지 못해 무더워지면서 도로의 열은 올라가고 이것이 지표면 아래 흙의 온도마저 오르게 하여 습기를 머금지 못한 흙은 장마 기간 중 흡수되어야 하는 물을 거부하게 되면서 장마의 영향은 더 커진다. 내가 건축가라면 건물과 강 사이에 충분한 완충 공간을 두어 단계별로 대지에 물의 흡수를 돕도록 배치할 것이다.

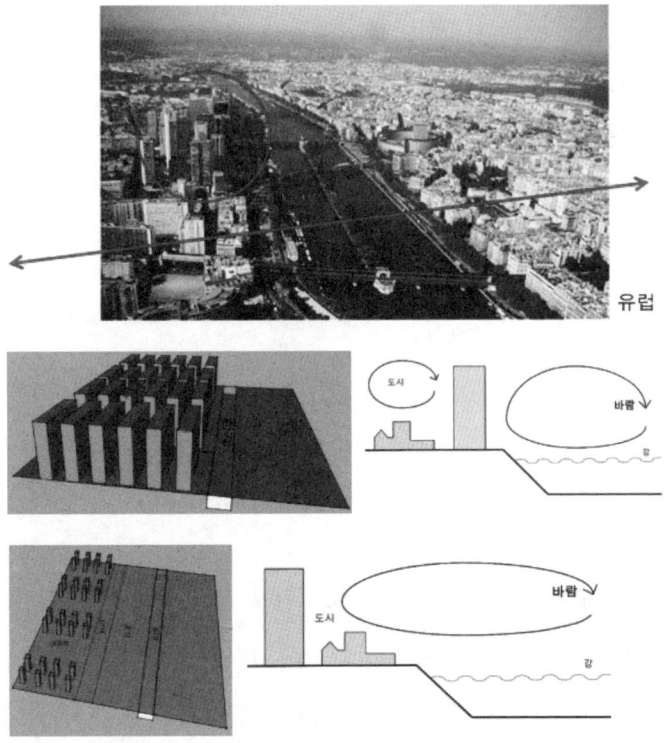

위) 유럽은 강 주위 건축물이 강과 대지를 차단하지 않는다
중간) 강 주변에 건축물이 직접 닿는 경우
아래) 강과 건축물 사이에 완충 공간이 있는 경우

지표면 아래에 석회암으로 이뤄진 굴이 있고 이 부분으로 물이 흙을 끌고 들어가는 대지의 성격이라면 싱크홀의 발생을 막을 수 없다. 그러나 그렇지 않은 성격의 대지에 싱크홀이 생긴다면 이는 인재로 이어질 수 있다. 이렇듯 도시 작업은 도시 건축가가 담당해야 인재를 줄일 수 있다.

좋은 도시가
갖추어야 할 것들

국가는 도시의 집합이고 도시는 도시민의 집합이다. 좋은 도시는 어떤 것인가? 도시의 기능은 육체와 같다. 몸 안의 기능이 원활할 때 건강한 육체를 유지하듯 도시 또한 역할과 기능이 무리 없이 운영되어야 건강한 도시라고 할 수 있다. 그렇다면 도시가 가진 기본적인 기능에 대해 살펴보자.

도시의 형태와 공공장소의 형태는 종합적인 차원에서 다뤄져야 한다. 도시와 공공 공간은 지역 전통에 따라 친숙한 크기와 성격을 지닌 거리, 광장, 구역의 형태로만 건설될 수 있다. 대도시이든 친밀한 지역적 특성이든 관계없이 거리와 광장은 영구적이고 친숙한 특성을 나타내야 한다. 광장은 곧 시민에 대한 배려이다. 그 크기와 비율은 수천 년의 문화에서 얻어지고 검증된 가장 훌륭하고 아름다운 것을 유지하며 이어 와야 한다. 도시계획의 목표는 도시 지리와 지형이 아무리 복잡하더라도 단순하게 계획되어야 한다. 도시는 공공 공간과 가정 공간, 기념물과 도시 구조, 고전 건축물과 현대 건물, 광장과 거리, 그리고 각 계층 구조로 연결되어야 한다.

국가와 거대 경제 조직의 점점 커지는 획일적 권력에 직면하여 우리는 사회와 문화가 점점 더 단편화되고 있음을 발견한다. 도시의 진정한 위대함은 그 도시의 물리적, 사회적 조직의 기능, 공공장소의 친숙함, 기념물의 아름다움, 그리고 마지막으로 자연의 위대함과 우연을 활용하는 방법을 아는 지혜에 달려 있다. 도시는 모든 시민에게 가장 큰 이점을 제공해야 한다.

대도시는 소수 또는 다수의 독립적이고 자치적인 도시, 즉 도시 연합에 의해 형성되어 있다. 대도시는 단일 도시의 일상생활에 부담을 줄 수 있는 과밀화를 발생시키기도 하지만 국가적, 국제적으로 중요한 기능을 제공하기도 한다. 이러한 활동은 쇼핑몰과 공원, 대도시 연합의 여러 도시를 구분하는 거리와 광장을 따라 이루어지거나 시골을 향한 경계와 한계를 형성하는 대로를 따라 이루어진다. 도시에는 중심이 있어야 하며 명확하고 읽기 쉬운 경계가 반드시 있어야 한다.

도시 구역은 도시 내의 진정한 영역이다. 부분적으로 전체의 특징과 특성을 포함한다. 도시 구역은 보행자의 요구에 맞춰 제한된 토지 내에서 모든 주기적인 기능과 주거, 교육, 생산, 행정, 상업, 레크리에이션 등의 기능을 제공해야 한다. 이는 교통수단을 사용하지 않고도 도보로 최대 10분 이내에 모든 일상 및 기능에 도달할 수 있도록 배치되어야 한다. 이러한 컴팩트한 면적은 약 33헥타르(80에이커)에 달한다. 독립 도시들의 대도시 연합에서는 공공이든 민간이든 기계적인 교통수단의 중요성이 크게 줄어드는 추세로 그들은 주로 비주기적인 필요에 부응할 것이며 이는 특권과 즐거움의 도구가 될 것이다.

건물의 가치를 판단하는 유일한 기준은 건물이 도시 구조에 성공적으로 삽입되었는지, 공공 공간의 응집력과 아름다움에 참여했는지에 대한 고찰에서 출발해야 한다. 도시에 무자비한 파괴가 지속된다는 것은 우리와 미래 세대가 점점 더 황폐해지는 환경, 생산과 소비의 순환에 굴복한다는 것을 의미한다. 터무니없는 신화인 '우리 시대를 표현하려는 의지'가 기존의 도시를 파괴하도록 허용되어서는 안 된다. 새로운 구역과 새로운 도시를 건설하는 데 에너지를 집중해야 한다.

도시계획과 건축설계는 긴밀한 연관성을 갖고 있으며, 유기적으로 통합될 때 도시의 균형 있고 지속 가능한 성장에 기여할 수 있다. 도시계획 원칙을 건축설계에 통합하면 문화적 가치와 유산을 의미 있게 표현하고 독특한 도시 특성을 반영할 수 있다. 궁극적으로 이러한 시너지 효과는 도시 개발의 급속한 발전을 촉진한다.

건축가는 도시와 공동체를 형성하는 데 필수적인 역할을 한다. 그들의 책임은 창조물의 사회적, 환경적 결과를 고려하면서 구조물과 공공장소를 설계하는 것을 포함한다. 건축 환경에 영향을 끼친다는 것은 그 안에 거주하는 커뮤니티에 지속적으로 영향을 남기는 것과 같다. 도시 디자인은 종종 도시계획과 건축설계 사이의 격차를 해소하는 것으로 간주된다. 투자자와 이해관계자가 높이 평가하는 디자인의 창의성을 통합하면서 개발 계획 정책의 언어를 활용해야 한다. 건축 프로젝트는 일반적으로 개별 부지에 초점을 맞추지만, 도시계획은 더 넓은 맥락을 고려하여 더 넓은 관점을 취하며 반드시 실제 건물 자체를 설계할 필요는 없다. 대신, 구조 간의 관계와 이를 연결하는 공간 등 주요 기능을 정의하는 데 중점을 둔다.

도시계획의 목적은 도시 내 기반 시설과 환경 기능을 포함한 자원을 효과적으로 할당하는 데 있다. 이는 도시의 경관, 산업 분포, 경제적 투자에 직접적인 영향을 미치는데 과학적이고 합리적인 도시계획 전략을 채택함으로써 도시 개발 속도를 가속화할 수 있기 때문이다.

반면 건축설계는 건축기술과 스타일, 품질을 높이는 데 중점을 두고 있다. 이는 건설 프로젝트가 사회적 요구와 기능적 요구 사항을 충족하는 동시에 주변 환경과 조화를 이루고 독특한 디자인 요소를 선보이도록 보장한다. 도시계획과 건축설계는 표면적으로는 별개로 보이지만 서로 복잡하게 연결되어 있다. 건축설계는 그 스타일을 전체 도시계획의 비전에 맞춰 지원한다.

경제 발전으로 환경에 대한 관심이 높아짐에 따라 사람 중심의 디자인 개념이 도시계획과 건축 디자인에 핵심이 되고 있다. 결과적으로 디자인 측면에서 둘 사이에는 현저한 유사점이 있으며, 이는 다음과 같은 측면에서 관찰할 수 있다. 첫째, 디자인 콘텐츠 자체에는 디자인 공간, 구조 및 기타 세부 사항에 대한 고려 사항이 포함되어야 한다. 건축설계는 도시계획과 일치해야 하며 도시계획 규정에 명시된 관련 조항을 엄격하게 준수해야 한다. 둘째, 두 분야 모두 공통된 발전 방향을 공유한다. 경제가 발전함에 따라 도시계획은 3차원적이고 체계적인 접근 방식으로 발전했으며 건축 디자인은 환경친화적인 관행과 랜드마크 창출을 수용했다. 도시계획은 디자인 콘텐츠 측면에서 건축 디자인이 제공하는 이점을 인식하고 있으며, 이에 따라 도시계획은 해당 분야에서 디자인 콘텐츠의 중요성을 강조하기 시작했다. 둘 사이의 이러한 긴밀한 관계는 도시 개발에 있어서 점점 더 분명해지고 있다.

마지막으로 디자인 기능에 대한 강조가 무엇보다 중요해졌다. 건축설계는 도시계획의 건전하고 안정적인 발전을 도모하고 그 내용을 풍부하게 할 수 있기 때문에 도시계획에 뿌리를 두어야 한다. 그러므로 도시계획과 건축설계는 서로의 디자인 내용을 신중하게 고려하여 설계해야 한다. 이는 두 분야의 조화로운 발전을 보장하는 동시에 각각의 특성을 강조한다.

도시계획과 건축설계는 서로 다른 점이 있지만 이들의 상호 통합은 도시 개발의 초석을 형성하여 도시의 건강하고 빠른 성장을 촉진한다. 이에 건축설계 과정은 도시계획에서 제시한 관련 요구 사항을 엄격하게 준수해야 한다. 도시계획 발표 및 관련 정책에 대한 포괄적인 이해를 수반하는 동시에 건축설계와 도시계획 모두의 설계 개념과 목표 간의 조정이 가능해지기 때문이다.

예를 들어 도시계획이 기차역 주변의 상업 지역 건설을 의무화한다면 건축 디자인은 세련되고 캐주얼한 건물 디자인을 강조할 것이고 이러한 사항은 건축계획에 반영되어야 한다. 디자인과 도시계획 간의 이러한 조정은 매우 중요하다. 또한, 계획 과정에서 다양한 도시 전반의 계획 및 설계 요소를 고려하여 해당 지역의 기존 건물을 참조해야 한다. 이를 통해 도시의 건전한 발전을 도모할 수 있다. 따라서 건축설계는 도시계획의 내용에 뿌리를 두어야 한다. 이러한 접근 방식은 도시 경관 내에서 건축 디자인의 조화로운 통합뿐만 아니라 독특한 특성의 강조도 보장한다.

결론적으로 도시계획과 건축설계는 차별성과 상호연관성을 동시에 가지고 있으며, 도시의 활기차고 건전한 발전에 기여하는 데 상호적인 영향을 미친다. 도시계획은 도시의 경제 성장을 형성하는 데 직접적인 역할을 하는 반면 건축설계는 주민의 일상생활에 큰 영향을 미친다. 도시 자원의 합리적인 배분이 가능하도록 두 학문 간의 관계를 과학적인 방식으로 접근하는 것은 필수적이다. 이러한 접근 방식은 도시 개발을 위한 강력한 기반을 구축하고, 주민의 삶의 질을 향상시키며 궁극적으로 지속 가능한 도시 성장을 촉진할 것이다.

지난 수십 년 동안 진보와 효율성이라는 이름으로 유럽의 도시 경관이 훼손된 이후 건축과 공학 분야는 국민의 경멸을 받을 수밖에 없었다. 건축의 기능은 숨을 멎게 하는 것이 아니다. 건축은 거주가 가능하고 쾌적하며 아름답고 우아하며 견고한 건축 환경을 조성하기 위해 존재해야 한다. 내가 건축가라면 도시의 전체적인 분위기를 살펴볼 것이다. 건축도 큰 범위 안에서는 도시계획의 하나이다. 도시는 건축을 통해 채워지기 때문이다. 그러므로 건축가는 그 도시의 전체적인 분위기와 건축의 기능을 반드시 파악하고 도시의 일부로서 기능과 미를 채워나가야 한다.

2

디자인을 입은 도시,
자연을 닮은 도시

신호등은 기능에만
충실하면 된다?

　사람들의 미적 감각은 환경에 따라 다르게 나타나기 마련이다. 쾌적하고 아름다운 환경에서 거주하는 사람들의 미적 감각은 그렇지 않은 사람들보다 발달해 있을 것이다. 우리의 환경은 어떠한가? 우리의 환경은 대부분 기능에 맞추어져 있다. 이런 이유로 우리나라는 디자인 선진국이라 말할 수 없다. 좋은 디자인이란 기능과 미를 동시에 갖추어야 한다. 디자인은 꾸미는 것이라 생각하고 필수적인 요소로 생각하지 않는 사람들도 있지만 디자인은 꾸미는 기능보다 사고의 다양성을 가능하게 하는 기능을 갖고 있다. 즉 디자인도 기능이다. 그래서 모두를 위한 작업에는 디자인 분야도 반드시 참여해야 한다. 그 분야의 전문가가 주로 기능적인 부분을 바라본다면 디자이너는 기능을 유지한 상태에서 더 좋은 가능성을 바라볼 것이다. 물론 기술적인 면과 디자인 분야가 과거보다 발달한 것은 사실이지만 아직 많이 부족하다. 기능에 투자하는 것은 필수이지만 미에 투자하는 것은 선택이라고 여긴다. 그러나 그 결과는 사회 전반에 걸쳐 엄청난 변화를 가져올 것이며 미에 대한 투자는 곧 미래 세대에 대한 투자이기도 하다. 기능과 미 둘 중 어느 것이 먼저냐고 의문을 가질 수도 있지만 사실 기술은 미를 창출하기 위해 발전해 왔다. 즉, 미가 따르지 않는 기능은 아직 단계 중에 있다는 것이다.

도로에는 수많은 신호등이 있다. 신호등은 운전자가 항상 주시해야 하는 필수 조건이다. 그런데 차량용 신호등뿐 아니라 건널목에도 신호등은 있다. 이 둘의 신호등은 서로 반대의 입장에 있다. 그래서 운전자는 자신의 방향에 있는 신호등뿐 아니라 건널목의 신호등도 확인해야 한다. 그러나 이는 쉬운 일이 아니다. 운전자가 보는 신호등의 위치는 어디가 적당

신호등이 건널목에 있는 경우(독일, 일본)와 멀리 놓여 있는 경우(미국, 한국)

미국의 다양한 신호등

할까? 우리나라의 대부분 운전자 신호등은 생각보다 꽤 앞선 거리에 있다. 운전자는 그 신호등을 먼저 신경 써야 하기에 건널목의 정지선을 지키기 어려운 경우가 있다. 운전 중 두 신호등 모두를 신경 쓰는 것은 그리 쉬운 일이 아니다.

만약 신호등이 건널목이 시작되는 선 위에 있다면 어떨까? 그렇다면 운전자는 신호등만 신경 쓰느라 건널목의 정지선을 넘어가지 않을 수 있다. 정지선을 넘어가면 신호등이 보이지 않아 운전자에게도 불편해지기 때문이다. 정지선 지키기 캠페인은 사실 20년 전부터 시작되었다. 유럽이나 일본 같은 경우 대부분 이러한 시스템으로 되어 있어 이들은 마치 준법정신이 투철한 사람으로 보이고 우리는 그렇지 않은 사람들로 오인받을 수 있다. 그러나 이는 시스템의 잘못이지 결코 우리 국민이 의도적으로 정지선을 넘는 것은 아니다. 좋은 시스템은 무의식 중에도 지킬 수 있도록 해야 하는 것이다. 지금 많은 도시에 이러한 방법으로 신호등 위치가 바뀌어가는 것을 알 수 있다. 처음은 늘 어색하고 불편할 수 있다. 어렵다는 것은 익숙하지 않다는 말과 일맥상통한다.

　우리나라 거리의 신호등 케이스는 대부분 노란색이다. 아마도 국가나 국제기준을 따라야 하기 때문이겠지만 그렇지 않은 나라도 있다. 그리고 대부분의 나라에서는 신호등이 수직 형태로 있는 반면 우리나라는 수평 형태로 되어 있다. 다양한 형태들이 거리의 디자인 요소로 존재하지만 신호등 또한 그중 하나이다. 다양한 디자인으로 가득한 거리는 어떨까? 신호등의 디자인이 다양하면 운전자에게 혼란을 줄까? 생각해 본다. 아마도 이러한 요소들은 규정을 우선시하여 만들어질 것이다. 규정이 다양해진다면 가능해질 수 있지 않을까? 규정은 최소한의 조건이 되어야 한다. 규정이 최대한의 조건이 되어서는 안 된다. 특히 디자인에 있어서는 더욱 그렇다. 다양한 사고나 시도가 규정에 가로막혀 실행될 수 없다면 개정되어야 한다. 사람들의 사고는 의외로 무궁무진하다. 아이디어가 규정에 의하여 제한을 받는다면 건 바람직하지 못하다. 사람들은 다양한 현상에 적응하는 능력을 갖고 있다. 다양함을 시도하고자 하는 사람들은 최소한의 규정을 갖고 다양한 가능성을 시도할 수 있도록 해야 한다.

운전자는 자신의 정면에 있는 신호등을 보며 운전하지만 사실 운전자에게는 반대편 신호등의 뒷모습도 보인다

그리스 산토리니의 이아 마을 / 영국 브리스톨에 위치한 마을 / 샌프란시스코의 주택 / 스발바르 지역의 주택

좁은 국토를 갖고 있지만 지방에 따라 신호등 또한 특색을 가질 수 있고 그 특색을 다양하게 시도할 수 있는 환경이 되어야 한다. 우리나라의 신호등은 지극히 기능적인 역할만 할 뿐이다. 내가 건축가라면 신호등 뒤의 모습도 생각하고 지역적으로 다양한 디자인도 접목해보고 싶다.

거리에는 다양한 컬러가 존재한다. 다양한 컬러는 오히려 거리를 혼잡하게 할 수 있다. 그래서 디자이너는 하나의 작품을 만들기 전 메인 컬러를 결정하고 이를 기준으로 주변 색을 결정한다. 거리에도 이같이 메인 컬러가 담기면 좋을 것이다. 그렇다면 그 도시를 생각할 때마다 메인 컬러가 머릿속에 함께 떠오를 것이다. 도시의 컬러들은 토속적인 측면을 비롯해 건축 재료, 또는 기후가 그 원인일 수도 있으나 이유가 무엇이든 도시를 꾸미는 데 긍정적인 원인을 제공한다. 샌프란시스코 주택을 살펴보면 양식에 통일을 주어 동일한 형태를 반복하고 있지만 컬러의 흐름은 파스텔 계열로 이루어져 있고, 언덕이 많은 도시이지만 지붕 처마를 보았을 때 경사의 흐름이 대지만큼 심하지 않게 의도적으로 입구 계단을 높인 것을 알 수 있다. 또한, 스발바르 지역에 있는 주택은 뒤편에 흰색 배경을 고려한 것을 알 수 있다. 이렇듯 도시에는 건물만 있는 것이 아니라 그 도시에 어울리는 컬러도 있다.

위) 도로를 운전하다 보면 각 신호등 신호가 제각각인 경우가 많다. 이것은 제대로 된 신호 체계가 아니다
아래) 신호등의 초록색 신호가 체계적인 흐름이 갖추고 있지 않으면 많은 시간을 도로에서 보내야 하고 초록색 신호를 유지하려는 마음에 급하게 운전하게 된다. 연속된 초록색 신호등의 유지는 교통안전에 유리하다

우리나라에 이러한 시도를 한 도시는 없다. 우리나라의 도시는 컬러가 너무 많고 세분화되어 있어 어느 컬러도 제대로 된 역할을 하지 못하고 있으며, 시멘트, 금속 등 원자재 그대로 노출하고 있는 시설이 너무 많다. 신호등 또한 이 같은 맥락이다. 내가 건축가라면 그 지역의 메인 컬러나 특징을 정할 것이다. 그렇다면 신호등은 훨씬 더 잘 구분되어 보일 것이다. 그리고 신호등의 뒷부분이나 신호 표지판의 뒷부분도 컬러를 입히는 등 디자인의 일부로 작업할 것이다.

교통 표지판 뒷부분은 왜 신경 쓰지 않을까?

도로의 표지판에는 운전 시 인지해야 할 안내 문구가 들어 있다. 그러나 대부분 기능적인 내용만 있을 뿐 디자인적인 부분에서는 소홀히 다루고 있는 실정이다. 물론 자동차의 속도를 생각한다면 짧은 시간에 정확하게 전달하는 것이 중요하겠지만 표지판의 기능은 단순히 내용 전달에만 있는 것이 아니고 도로에서 시각적인 디자인 역할도 한다는 것이다.

예를 들어 표지판의 뒷부분을 산뜻하게 만든다면 어떨까 생각해본다. 일반적으로 사람들은 기능적인 부분만 생각한다. 디자인은 필수적인 것은 아니지만 분명히 분위기를 반전시키는 역할을 한다. 과거 모던 시대 이전의 디자인들은 장식적인 부분이 두드러졌다. 이는 본연의 기능에 충실하지 못했기 때문에 장식으로 가리고자 했던 것이 사실이다. 그래서 아직 모던 시대 이전의 건축물이 남아있는 유럽 도시들이 아름답고 독특하게 보이는 것이다.

모던 이전 시대의 아이디어에서 착안한 디자인들은 당시 최고의 품질

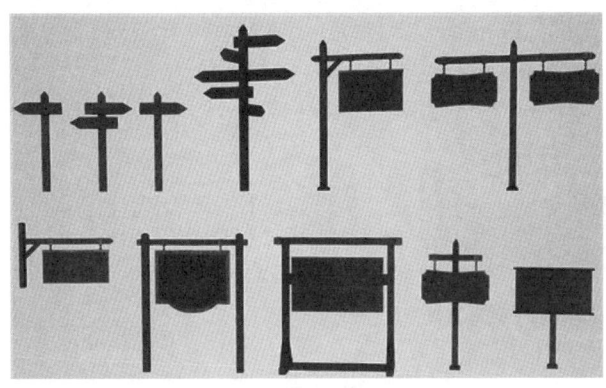

위) 도로 표지판의 뒷부분 / 필자가 구상한 표지판 뒷부분
아래) 모던 이전 시대의 아이디어에서 착안한 도로 표지판

로 인정받았을 것이다. 그러나 대량생산과 재료의 다양화가 가능해지고 많은 도로법이 제정되면서 기능적인 부분이 강화되어 과거의 디자인은 사라져 갔다. 이 같은 디자인들은 기술적이고 산업화의 냄새가 나지 않으며 좀 더 친환경적인 형태를 갖추고 있다. 이는 곧 인간적이라는 의미이다. 인간을 보호하는 교통법은 거기에 너무 치중한 나머지 한 면만 강조하는 방향으로 흘러 미적인 부분은 사치스러운 것으로 여겼다.

당시의 선술집과 약국 표지판을 지금과 비교한다면 과한 디자인이라고

위) 모던 시대 이후 선술집 표지판 / 약국 표지판
아래) 흰 바탕의 도로표지판 아래 심은 꽃

여길 것이다. 그러나 이러한 디자인의 배려가 그 골목과 거리를 오히려 기억하게 해준다. 여기서 가장 큰 영향은 이러한 거리 디자인을 보고 자란 미래 세대는 디자인에 대한 관점이 다르고 다양한 시도를 할 수 있다는 것이다. 모든 흐름은 미래 세대를 위한 방향으로 흘러야 한다. 기능적인 부분만 강조되고 미적인 부분은 사치스러운 콘셉트의 도시에서 자란 아이들의 사고는 협소해질 수밖에 없다. 다양한 시도는 곧 다양한 가능성을 보여주는 것이다.

　흰 바탕에 검은 글씨를 새긴 도로 표지판을 보았을 때 운전자의 눈은 의식적으로 표지판을 향하지만 무의식은 표지판 아래 피어 있는 붉은

꽃, 좌측의 나무 한 그루, 나무 속에 일부 가려진 집 그리고 그 뒤에 있는 산을 바라보며 다음에 나타날 지역이 왠지 아름다울 것이라는 기대를 하게 될지도 모른다. 무의식은 그렇게 작용한다. 기능이 의식을 구체화한다면 디자인은 무의식을 기쁘게 한다. 우리의 무의식은 언제나 전체를 본다. 의식도 전체를 볼 수 있어야 한다. 그러나 성장 과정에서 어떤 환경을 갖느냐에 따라 의식과 무의식은 점차 분리될 수도 있고 하나의 범주 속에 있을 수도 있는데 그것은 바로 기능과 미가 분리된 사회인지 아니면 동시에 하나의 테두리에 있는지에 달려 있다. 내가 건축가라면 기능을 먼저 살펴 적용하고 이 기능을 방해하지 않는 한도 내에서 미적인 부분을 적용할 것이다. 눈에 보이는 모든 것에 기능과 미를 함께 적용한다면 분명 그 형태는 또 다른 이미지로 다가올 것이다.

고가도로 물받이 관이
눈에 거슬리는 이유

　고가도로에는 물받이 관이 설치되어 있다. 이는 고가도로 내 물을 빼내는 기능으로 고가도로에 물이 고이는 것을 방지하는 중요한 기능을 한다. 이 관으로 받은 물은 지상의 하수구로 연결되어 흘러가게 된다. 이 관은 반드시 구배를 가지고 있어야 물의 흐름을 원활하게 할 수 있다. 이것이 이 관의 고유 기능이다. 이 기능을 하지 않으면 고가도로 내 물이 고여 자동차 사고를 유발할 수 있으며 고가도로 주변으로 많은 물이 튀어 하부에 지나는 차량들에게 문제를 일으킬 수 있다. 이 관이 갖고 있는 구배가 심하면 물은 더 빠르게 빠지겠지만 고가도로의 높이를 감안해야 하므로 구배를 마음대로 정할 수는 없다.

　물받이 관이 고가도로의 기둥마다 배치되어 있는 곳도 있다. 고가도로는 일반 육교와 다르게 자동차가 다니는 길이므로 필요한 안전 조치를 위한 대비가 많이 필요하다. 그러나 이 고가도로 또한 도시를 꾸미는

고가도로 기둥으로 물을 모아 지상으로 내보내는 방식으로 구배가 심하다 / 고가도로의 각 부분에서 물을 받아 한 곳으로 흘려보내는 방식으로 관의 길이에 비해 구배가 심하지 않다

요소 중 하나이다. 아름다운 도시에는 아름다운 것들이 있다. 기능이 전체적인 것이라면 미는 세부적인 것이다. 기능을 점검하는 사람이 있다면 미를 담당하는 사람도 있어야 한다. 기능을 유지하는 상태에서 좋은 미관을 만들어내는 작업도 필요하다. 단지 기능을 이유로 미를 포기한다면 그 도시는 삭막해질 수 있기 때문이다. 기능에 대해 안다면 미적으로 이를 마무리하는 능력도 있어야 한다. 전체는 세세함이 모여 만들어지는 것이므로 일부를 보고 전체를 말할 수는 없다. 아름다운 도시에 아름다운 것이 있듯이 아름답지 않은 도시에는 아름답지 않은 것이 있다. 형태를 분석해 보면 부분이 보인다. 무엇인가 부족하다고 느끼는 것은 바로 디테일에 문제가 있다. 디테일이 부족할 때 전체가 부족하게 느껴진다.

우수관을 가운데로 설계하거나 기둥을 따라 숨기면 고가도로가 훨씬 깔끔하게 정리될 수 있지 않을까 한다. 각 부위가 개별적으로 보이면 지저분하게 보이지만 전체를 따라 모든 것이 배치되면 깔끔하게 보인다. 모든 작업에는 큰 틀이 있고 그 틀을 따라 부분적인 것들이 움직여야 한

기둥마다 물받이 관이 배치되어 있는 고가도로 / 우수관이 가운데 위치한 고가도로 / 기둥을 따라 물받이 관을 숨긴 고가도로

다. 이것이 작업의 콘셉트이다. 이에 대한 매뉴얼을 만들어 이후 작업들도 그 콘셉트의 메뉴얼을 따라 움직여야 한다. 많은 것은 없는 것과 같다. 이에 대한 매뉴얼이 존재하지 않는다면 이제 만들어야 한다. 고가도로의 마감이나 디자인을 결정하고 그 디자인에 따라 홈통과 같은 부수적인 것을 어떻게 배치할 것인지 정하는 것이 좋다. 정해야 변경할 수 있다. 정한 것이 없다면 변경할 것도 없다.

도시는 복잡한 곳이고 많은 요소의 집합 장소다. 이럴수록 매뉴얼이 존재해야 하며 이에 따른 작업 기준이 있어야 한다. 요소가 많을 때는 규칙과 기준에 따라 많아 보이지 않게 하고 적을 때는 다양하게 적용함으로써 많아 보이도록 하는 것은 도시의 요소를 만드는 작업에서 중요한 규칙이다.

간판으로
뒤덮인 도시

건축물을 아름답다고 평가하는 데에는 많은 이유가 있을 것이다. 도시도 마찬가지이다. 도시를 평가하는 기준 또한 다양하지만 그 기준에 해당하는 요소가 있을 것이다. 도시를 채운 건축물, 도로, 공원 등 다양한 요소들이 도시를 꾸미고 있으며, 이 요소들은 큰 규모로 이루어져 있다. 테헤란로를 가 보면 거대한 규모의 건축물들이 도로를 따라 성벽처럼 늘어서 있다. 그러나 복잡하다는 느낌을 받지 않는 이유는 그 거대한 건축물들이 하나의 형태로 보이기 때문이다. 그것은 바로 건물마다 단 하나만 부착되어 있는 간판 때문이다. 그러나 그 거대한 건물 뒤편으로 들어서면 건축물의 규모는 오히려 작지만 혼란스러운 분위기이다.

간판의 숫자는 곧 그 건물의 최소한의 상가 숫자를 의미한다. 테헤란로에 자리한 거대한 건물들 안에는 다양한 회사가 있을 수 있지만 건물명이 회사를 가리키는 경우가 많다. 그래서 혼란스럽지 않게 보이는 것이

위) 안산 상록수역 먹자 골목
아래) 간판으로 뒤덮인 건물들 / 광고 현수막 게시대

다. 그러나 규모가 크지 않지만 다양한 간판이 있는 건물들은 건물명이 회사의 존재를 알리지 못한다는 것이다. 거대한 규모의 건축물을 갖고 있는 회사들은 지역 상권에 의존한다기보다는 좀 더 광대한 영역을 대상으로 하기에 그 지역에서 홍보를 담당하는 간판 자체가 중요한 것은 아니다. 지역 상권에 의존하는 가게들은 지역민이 선택할 수 있도록 노출해야 한다. 간판이란 이들에게 생존권과 같은 역할을 하므로 간판을 강제로 제한하기에는 무리가 있다.

그러나 많은 것은 없는 것과 일맥상통한다. 수많은 간판 가운데 원하는 곳을 찾기란 쉽지 않다. 상인들은 자신의 매장이 눈에 띄기를 바라지만 처음 방문하는 사람에게는 모두 동일한 간판일 뿐이다. 그래서 상가가 길의 끝부분에 있거나 모퉁이에 있는 상가가 임대료가 더 비싼 이유는 바로 이 선택의 우선권을 갖고 있기 때문이다.

거리를 지나다보면 광고 현수막으로 가득한 게시대를 흔히 볼 수 있다. 도시에 난립하는 간판을 정리하고자 고안해낸 방법일 것이다. 그 의도는 높이 평가할 만하지만 이는 헛수고이다. 상인의 입장에서 이러한 시도는 공평해 보일지 모르지만 이는 상가 발전에 큰 도움이 되지 않음을 머지 않아 깨달을 것이다. 이러한 방안은 손님의 입장에서 상가를 찾는 데 그다지 도움되지 않는다. 또한 도시 미관의 관점에서도 긍정적이지 못하다.

독일 다름슈타트의 도심 번화가의 건물에는 간판이 거의 걸려 있지 않다. 이곳은 간판에 대한 문제를 어떻게 해결했을까? 독일의 도시 중심부는 그 도시의 번화가이다. 즉 상권이 가장 활발한 지역이지만 간판이 건물을 뒤덮지 않은 이유가 있을 것이다. 독일 대도시에는 이러한 건물을 흔하게 볼 수 있다. 물론 우리나라도 간판이 깔끔하게 정리된 거리가 있다. 분당 정자동에 위치한 먹자골목이 그중 한 곳이다.

광교에 위치해 있는 한 건물을 살펴보자. 클래식한 건물에 정리된 간판을 볼 수 있다. 이처럼 간판이 정리되는 비법은 무엇일까? 바로 주상복

독일 다름슈타트의 도심 번화가

광교에 위치한 주상복합건물

합건물이기 때문이다. 독일 다름슈타트 거리의 수많은 건물 또한 간판이 정리될 수 있었던 것도 바로 이 때문이다. 분당이나 광교의 거리도 뒤편을 보면 아파트가 있음을 알 수 있다. 이 두 곳의 차이점은 상가와 아파트를 분리하여 상가가 마치 아파트의 성벽과 같은 역할을 한다는 것이다. 만일 모든 건축물의 하층은 상가, 그리고 상층은 주거로 분리한다면 간판은 줄어들 수밖에 없다. 아파트뿐 아니라 모든 건물을 이러한 방식으로 건축하는 것이다. 이 방식의 단점이라면 바로 상가가 그만큼 줄어든다는 것이다. 그러나 이러한 방안은 더 많은 장점을 지닌다. 상가가 줄어들면 동일 업종이 치열한 경쟁을 할 필요가 없을 것이다. 또한 현재 간판으로 뒤덮인 건물의 저층부만 상가로, 상부를 주거형태로 바꾼다면 부족한 주거문제도 한번에 해결할 수 있다. 그렇다면 부동산 가격에 대한 문제도 해결할 수 있을 것이다. 동일 업종이 모여 있다면 이 상가들은 치열한 경쟁으로 가격에 대한 비용을 낭비하지만 다른 업종의 상가들이 모여 있다면 상가의 디자인뿐 아니라 품질 개선에도 도움이 될 것이다. 언제나 문제에 대한 해결은 다른 곳에 있을 수 있다. 이 방법은 소위 일타삼피의 방법으로 간판, 상가의 디자인 그리고 주거 문제를 해결할 수 있을 것이다. 지금까지 우리나라는 한국 전쟁 후 삶의 질적인 면에서 일시적인 기능에 대한 문제 해결에 익숙해져 왔다. 그러나 이제는 장기적인 안목을 요구하고 디자인이 형태가 아니라 정신적인 열정을 불러온다는 것을 인식해야 한다.

고가도로를 이용하는 사람,
바라보는 사람

    고속도로를 달리다 보면 고속도로와 교차하는 고가도로를 볼 수 있다. 고가도로에 벽이 있는 경우도 있고 그렇지 않은 경우도 있다. 그러나 고가도로 아래 방음벽을 설치한 경우에는 안전장치보다 방음벽의 기능에 충실한 것으로 보인다. 고가도로들은 시내의 사거리처럼 길이 서로 교차하는 형태로 조성할 경우 고속도로의 의미가 없기에 고속도로 위로 지나가도록 배치한 것이다.

    이에 두 가지 관점에서 생각해 볼 수 있다. 하나는 그 도로를 이용하는 사람과 그 도로를 바라보는 사람이다. 이용하는 사람에게는 기능이 중요하고 바라보는 사람에게는 디자인이 중요하다. 일반적으로 고가도로는 그 자체 재료의 특성이 고스란히 드러난다. 여기에는 우리가 알지 못하는 이유가 있을 수 있으나 전문가라면 이를 해결해야 한다. 대부분의 국가에서도 고속도로를 지나는 고가도로에 미적인 기능을 넣어 디자인한

위) 아랫부분에 방음벽을 갖춘 고가도로 / 벽을 조성한 고가도로
중간) 교량을 받치는 구조적인 부분을 아치 형태로 해결한 고가도로. 도시는 더 긍정적인 도시 전경을 위해 투자해야 한다
아래) AI로 디자인한 교량

경우는 많지 않다. 예산에 대한 문제나 안전에 대한 문제도 있을 수 있다. 그러나 내가 건축가라면 이를 해결하여 미적인 디자인을 가미할 것이다.

디자인된 교량은 어떨까? 모두 긍정적으로 답하지는 않을 것이고 도시 입장에서는 그 유지가 쉽지 않겠지만 더 많은 사람들의 즐거움을 위해서 가치 있는 작업이라고 생각한다.

고속도로 위를 지나는 고가도로를 올려다보면 가끔 광고판이나 현수막이 붙어 있는 것을 볼 수 있다. 물론 현수막은 공적인 내용이 더 많다. 고가도로를 설계할 때 현수막의 자리나 설치를 감안한다면 고가도로의 전체적인 디자인을 유지하는 데 도움이 될 것이다. 또한 도시 내에서 고

위) 도쿄 시내 한복판에 설치된 철근 콘크리트의 고가도로로 교량판에 외부 마감을 설치하고 이를 받치는 지지 부분도 아치로 만들었으며 원의 각을 부드럽게 디자인했다
아래) 현수막을 설치한 고가도로

가도로 밑을 지나다 보면 고가도로 밑의 재료인 콘크리트가 그대로 드러나 있는 경우가 많다. 이 또한 마감 처리에 디자인적 요소를 가미한다면 도시 경관의 미관을 높이는 데 도움이 되리라 생각한다.

도시는 다양한 요소들로 꾸며져 있다. 이 각 요소들은 도시 디자인에 중요한 역할을 한다. 물론 기능이 중요하지만 이에 미를 더하면 금상첨화가 될 것이다. 고가도로에 늘 현수막을 설치하는 것은 아니기에 설치할 경우와 그렇지 않은 경우를 감안하여 디자인한다면 도시의 풍경은 훨씬 더 나아질 것이다. 내가 건축가라면 기능과 미를 모두 중요시하며 초기 작업에서 이를 검토해 작업할 것이다.

우리의 도시는
어떤 스카이라인을 가졌는가

도시에는 다양한 요소들이 존재한다. 건물, 조형물, 보도블록, 숲, 자동차 그리고 인간 등 도시를 채우는 각 요소들이 조화를 이루며 그 도시의 이미지를 만든다. 도시가 때로는 명확한 느낌을 전달하기도 하지만 우리의 무의식 속에 쌓여 그것이 다르게 표출되기도 한다. 그 표출이 긍정적일 수도 있고 부정적일 수도 있다. 이는 도시 심리학자가 분석하여 구성하며 이에 대한 자료를 제출해야 한다. 도시 구성 요소는 의외로 다양하다. 이 중 도시의 지붕을 이루는 빌딩의 라인들은 도시의 이미지에 지대한 영향을 준다. 이를 이해하기 위하여 악보의 멜로디를 살펴보자.

베토벤의 '엘리제를 위하여'는 우리에게 무척 친숙한 곡이다. 베토벤은 이 곡을 작곡하던 1810년 당시 브라운슈바이크 백작의 딸인 테레제와의 약혼을 취소하고 자신의 주치의 조카딸 테레제 마르파티에게 구혼한 것으로 알려져 있는데 '엘리제'는 이 두 여인 중의 한 명인 것으로 추측된

베토벤의 '엘리제를 위하여' 악보

다. 그의 자필 악보에는 '테레제를 위하여 4월 27일 L. v. 베토벤의 회상'이라고 적혀 있다.

이 음악을 엘리제가 들었다면 기뻐했을 거라는 상상을 해본다. 부드러운 음률에 엘리제에 대한 감정을 담기 위해 베토벤은 얼마나 고심했을까. 멜로디의 흐름을 선으로 연결하여 보았다. 물론 음악을 감상하는 데 있어서 음악에 대한 전문적인 지식이 반드시 필요한 것은 아니다. 악보의 흐름을 알 수는 없지만 이 곡을 감상하면서 곡의 높낮이에 감정의 폭도 달라지고 있다는 것을 느낀다. 이 곡을 들을 때 생겨나는 심리적인 상태가 모두에게 같지는 않더라도 일반적으로 느끼는 공통점은 있을 것이다. 슬픔을 가진 사람에게는 더욱 슬플지도 모르며 혼자만의 시간을 원하는 사람에게는 음악의 영역으로 자신을 끌고 가는 것을 느낄 수도 있을 것이다. 피아노를 연주하는 손의 움직임이 만들어내는 건반 소리는 스르르

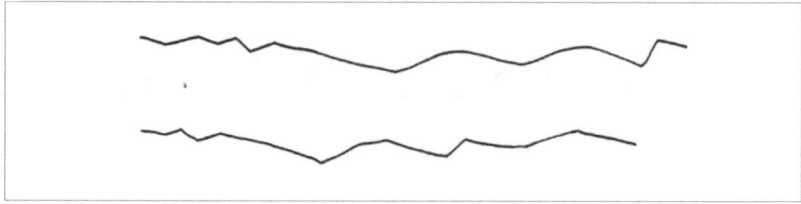

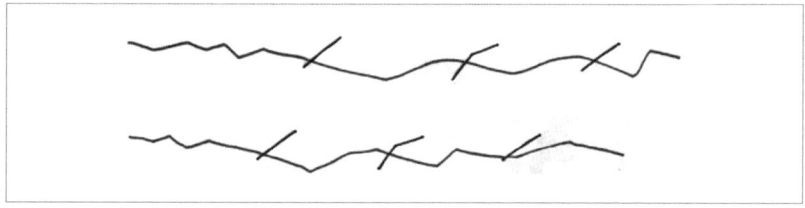

위) 멜로디 높이를 연결하니 연결 선이 8음계의 범위 안에 있고 급격한 경사를 이루지 않는 완만한 선을 볼 수 있다
중간) 멜로디 선만 분리하니 선의 형태가 감정을 이끌고 상상의 언덕으로 인도한다
아래) 멜로디와 반주를 함께 표시한 이미지

눈이 감기며 음악의 바다에 빠져들게 한다. 악보의 음표를 연결한다면 음률의 흐름을 시각적으로 만들어 낼 수도 있다.

멜로디와 반주를 함께 표시해 보았다. 물론 음의 길이, 쉼표 등 여러 가지 음악적인 요소들이 있지만 우리가 응용해 볼 수 있는 표면적인 요소들만 추려낸 것이다. 나는 멜로디의 높이만 연결한 선을 자연적으로 발생한 등고선으로 보았다. 여기에 사선으로 표시해 놓은 부분은 인위적인 요소로 바라본 것이다. 이 음악의 흐름은 감미로운 이미지를 나타낸다. 악보가 만들어낸 선의 형태를 분석해 보면 산의 정상과 골짜기의 반복이 있고 반주에 해당하는 부분도 그 리듬에 맞추어서 일정한 간격으로 반복되고 있다. 또 한 가지 관찰된 것은 멜로디 흐름의 시작을 기준으로 동일한 모양을 보여준다는 것이다. 멜로디의 흐름이 반복적이고 반주의 흐름도 이에 따라서 반복적으로 보여주고 있다. 여기서 멜로디의 모양을 산의 등고선이라고 간주한다면 이것은 자연이 만든 것이다. 그렇다면 반주란 마치 자연 속에 인위적인 요소를 첨가하는 것을 말한다. 반주는 멜로디의 분위기를 형성하는 데 중요한 역할을 한다. 결론적으로 자연적인 것에 인위적인 것을 첨부하였을 때 조화를 이루는 것이 전체적인 분위기에 지대한 영향을 준다. 도시를 형성하는 작업에서 환경에 대한 출발점과 영역을 어디까지로 보느냐 하는 것은 시민들에게 좋은 영향과 나쁜 영향을 결정하는 잠재적인 능력을 선사하는 것과 같다. 건축은 물리적인 영향만을 보여주는 것이 절대 아니다. 설계자는 우리가 의식하지 못하는 심리적인 요소가 영향을 준다는 것을 계산해야 한다. 즉 일반인들에게는 무의식적인 것이지만 설계자는 의식적으로 이러한 부분을 염두에

위) 중랑천 주변의 건축물과 스카이라인
아래) 중랑천 주변 건축물의 스카이라인만 떼어 놓은 것

두고 작업해야 한다.

   도시는 구성 요소에 의하여 그 성격이 구분되기 때문에 사람과 차량의 동선뿐 아니라 시각적인 동선의 계획도 있어야 한다. 자연과 같이 오랜 시간 다듬어진 완벽한 형태를 만들어 낼 수는 없지만 자연스럽게 만들어진 상황에 인위적인 요소가 첨가되어야 한다. 물론 국가와 사회가 가진 문제 때문에 현실적으로 불가피하다고 여길 수도 있지만 미래에 대한 책임감은 건축에도 분명히 존재한다.

위) 스카이라인이 좋은 경관을 지닌 강원도
아래) 이바노비치의 '도나우강의 잔물결' 악보

멀리서 산을 바라볼 때 산등성이가 만들어내는 곡선이 악보의 음표들이라고 생각해보자. 그렇다면 우리가 해야 할 작업은 이 멜로디를 더 돋보이게 할 수 있는 반주를 첨가하는 것이다.

이바노비치의 '도나우(Donau)강의 잔물결'이라는 곡을 떠올려보자. 도나우강은 유럽의 여러 나라를 통과하는 강이다. 알프스에서 시작하여 유럽의 북쪽을 향해 흐르는 도나우강은 다른 강과 같이 지금도 수로의 역할을 수행하고 있다. 제목에 담겨 있듯 물결이 잔잔히 흐르는 강을 연상하게 하는데 만약 물결이 잔잔하지 않다면 이 강은 수로로서 기능을 수행할 수 없다.

2. 디자인을 입은 도시, 자연을 닮은 도시   109

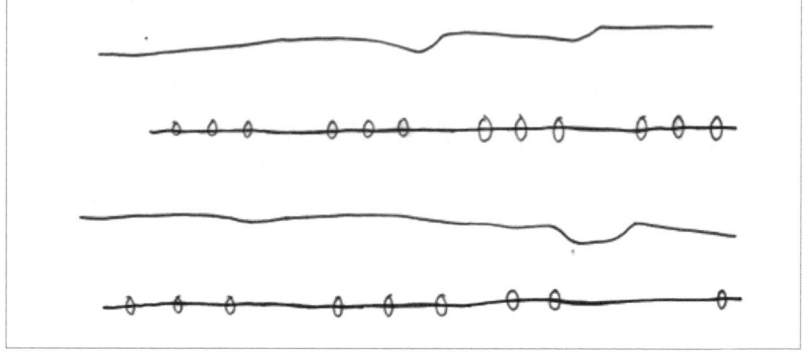

위) 고음부의 음표와 저음부의 음표를 연결한 이미지
아래) 부드러운 음표 흐름

    고음부에 있는 음표와 저음부에 있는 음표를 연결해 보았다. 이 선율을 바라보며 이곳에 존재하는 자연의 형태를 상상해 볼 수 있다. 세상에 존재하는 음악이 모두 아름답거나 우리의 심금을 두드리는 것은 아닐지라도 고음부와 저음부의 음표를 따라 우리 마음속에 곡선을 그려보자. 이러한 곡선이 우리의 도시에도 존재한다면 우리는 아름다운 선율 속에 살게 되는 것이다.

'엘리제를 위하여'라는 곡에 비하면 선의 굴곡이 많지 않고 저음부도 거의 수평을 이루고 있으며 규칙적인 형태가 구성되어 있다. '엘리제를 위하여'는 저음부가 수직적인 형태가 고음부의 한 등선마다 등장하면서 끊어지는 반면 이 곡은 음이 고음부를 따라 계속 이어지면서 각 소절마다 포인트를 주고 있다.

고음부와 저음부를 한 위치에 놓아 음표의 높이를 맞추어 겹쳐보았다. 음이 3박자 군의 형태를 이루고 있는 것을 보면 왈츠의 형태이다. 수평적으로 흐르는 고음부와 같이 저음부 또한 수평적으로 흐르고 음계 또한 수평적인 배열을 보이고 있다. 흐름에서 수직적인 강조보다는 수평적인 배열 강조를 보인 것이 특징이다. '엘리제를 위하여'에 나타난 배치는 수평적 곡선에 수직선이 있어서 대조적인 형태를 보이지만 이 형태에서는 대조적인 비교보다는 Void(비움)와 Solid(채움)라는 공식을 얻게 된다. '엘리제를 위하여'는 수직과 수평의 구조가 이미 서로의 성격을 달리하기 때문에 수평과 수평 또는 수직과 수직이라는 혼동이 생기지 않는다. 그러나 이 형태에서는 동일한 수평 구조를 이루면서 음의 간격만을 보여준다. 그래서 3박자가 모였다가 사라지는 형태로 채움과 비움의 반복을 통해서

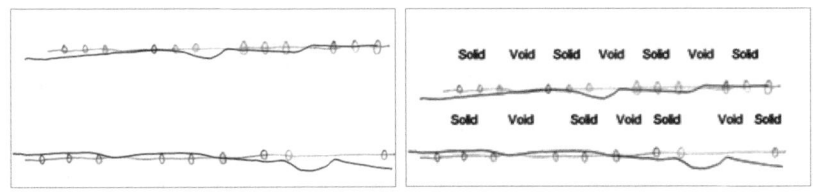

'도나우강의 잔물결'의 음표 흐름 / Void(비움)와 Solid(채움)의 다양한 교차

 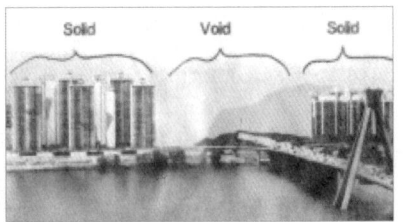

한강변에 위치한 아파트 단지

상대적인 효과로 단순함을 피하고 있다.

　강 건너에서 한강변에 위치한 아파트를 바라보면 '한강-물'이라는 특수성이 시각적인 요소로 작용하는 것을 알 수 있다. 이러한 시각적인 요소는 설계 단계에 있어 필수적인 방법으로 적용되어야 한다. 물을 따라 놓인 수평적인 요소는 환경을 설정하는 데 기본적인 바탕이 된다. 수평은 직선이다. 여기에 동일한 성격의 수평을 택한다면 지루한 디자인을 보여준다. 대지의 방향과 교량의 방향은 교차하면서 동일한 요소의 주장을 끊으면서 대지의 연속성이라는 포인트를 제공한다. 그러나 다시금 발생하는 교량의 연속성을 흐트러뜨리기 위한 디자인을 가미하면 교량에 수직적인 요소가 발생한다. 아파트의 군집은 댐과 같이 한강 주변을 감싸면서 시각의 흐름을 차단하게 된다. 이는 음의 길이와 높이가 동일한 하나의 소리를 연속적으로 내면서 무의식에 고통을 주게 되고 이는 히스테리를 유발한다. 바라보는 내용을 관찰자가 선택하는 것이 아니라 강요하는 환경을 만들어버린 것이다. 굴곡이 있는 대지는 그 자체가 다양성을 나타내지만 수평적인 요소는 획일화된 모습을 갖고 있기 때문에 그에 첨가되는 요소가 다양성을 보여주어야 한다. 한강변의 아파트 단지를 바라보는 관찰자는 시각적인 동선을 의지대로 선택할 수 있는 가능성이 있다. 이것은 장소 인식에도 중요한 역할을 한다.

독일 코블렌CM(Koblenz) 도시 옆에 흐르는 라인강을 촬영해 서울의 한강변 아파트를 합성해보았다. 한강의 사진에는 강의 수평선, 강 주변의 수평선 그리고 아파트의 수직선이 직접적으로 배치되어 있는데 여기에는 강의 수평선에 녹지의 곡선을 배치했다. 도시에서 숲은 인간과 자연 간 완충하는 역할을 한다. 이 완충 영역은 자연과 인간의 두 영역에 속하지만 상반된 영역으로 볼 수 있다. 악보에는 음표 외에도 쉼표, 도돌이표 또는 반음표시 등의 다양한 기호가 존재한다. 이 기호들이 하나의 곡을 완전하게 하는 상반된 영역이 된다는 의견이다. 즉 이러한 기호의 사용은 도시의 스카이라인에도 좋은 기술이라고 볼 수 있다. 그러나 한강변의 사진을 보면 여기에는 음표만이 존재한다. 형태의 정체성은 어디에 두어야 할까? 형태는 보이는 것이 목적이다. 형태가 보일 때 우리는 그곳에 형태가 있다고 말한다. 즉 형태는 관찰자에게 기억되는 것이 좋다.

예를 들어 힙합 음악에 트로트를 섞어서 작곡할 수도 있다. 그러나 그

독일 코블렌츠(Koblenz) 도시 근처를 흐르는 라인강에 서울의 아파트를 옮겨 놓은 이미지

것은 더 이상 힙합이 아니다. 형태를 구성하는 작업에 있어서 초기에 모든 것을 결정하지는 않는다. 그러나 가고자 하는 목적의 방향은 이미 설정되어 있다. 이 목적을 벗어나게 되면 그 형태는 이미 순수성을 상실하게 된다. 우리가 도시를 건설할 때 그 수많은 구성 요소를 모두 소화할 수는 없다. 여기에서 버릴 것과 취할 것을 선택하는 기준이 바로 가고자 하는 목적이다. 도시와 같이 많은 요소를 함유하고 있는 경우 작업의 절제는 절대적으로 필요한 부분이다. 이 절제는 버리는 작업이 아니라 구성 요소를 취하는 결단이다. 도시에서 일반적으로 가장 높은 것은 빌딩이다. 빌딩 아래의 많은 요소는 빌딩의 높이로 인해 전체적인 형태에 크게 작용하지 않는다. 즉 빌딩의 높이가 만든 스카이라인이 도시의 숨겨진 음악의 흐름에 영향을 주는 것은 아니다.

베토벤의 심포니 5악장 '운명'이라는 곡은 높낮이의 변화가 '엘리제를 위하여'보다 급변하고 있음을 알 수 있다. 그러나 이 곡 또한 명곡이다.

베토벤의 '운명' 악보

베토벤의 '운명' 악보처럼 굴곡이 심한 스카이라인을 가진 도시 예(미드저니)

즉, 부드러운 선율을 갖고 있는 도시의 스카이라인만이 좋다는 뜻이 아닙니다. 그러나 중요한 것은 스카이라인의 흐름이 일정한 규칙을 갖고 있다면 긍정적인 도시 이미지를 만들 것이다.

각 도시는 그 도시의 스카이라인을 지니고 있다. 이는 직접적으로 와닿는 영향보다 심리적 영향이 더 큰 것으로, 내가 건축가라면 이러한 영향을 반영하여 도시를 디자인할 것이다. 아름다운 도시에는 분명 그 이유가 있기 때문이다.

야생동물은 생태 연결 통로를
얼마나 이용할까?

　도로를 주행하다보면 'Eco Bridge', 즉 생태 연결 통로라고 부르는 다리를 만날 때가 있다. 이는 도로나 다른 요인에 의하여 자연이 분리되는 경우 동식물의 생활 환경을 연결하기 위한 의도로 만든 것이다. 이 같은 다리의 명칭은 각 나라마다 약간의 차이가 있는데 독일에서는 야생다리(Wildbrücken) 또는 녹색다리(Grünbrücken)라고 부르기도 한다. 야생 동물 다리는 미국과 캐나다에서도 볼 수 있지만 프랑스, 네덜란드, 스위스와 함

생태 연결 통로(Eco Bridge)

께 독일은 다리 건설을 시작한 최초의 국가 중 하나이다. 자국의 토종 야생동물을 보호하기 위해 독일은 2005년부터 80개 이상의 녹색 다리를 건설하여 엘크, 사슴, 멧돼지, 늑대, 여우, 오소리, 너구리 및 기타 동물을 포함한 수십만 마리의 토종 동물이 안전하게 도로를 건너도록 도왔다. 이 녹색 다리는 인간이 출입할 수 없는 인공 통로이다. 이 다리를 설치하면 고속도로에서 발생하는 동물 사고가 줄어들고 이에 대한 청소 비용이 더 감소한다. 사슴과 멧돼지는 봄과 여름에 더 많이 교배하는 경향이 있다.

모든 종은 새벽과 황혼 동안에 다리를 더 많이 건너고, 인간 활동이 가장 활발한 낮에는 가장 적게 다리를 건넌다는 보고가 있다. 독일의 녹색 다리에는 카메라가 장착되어 있어 연구자들은 이러한 야생 동물 횡단을 이용하는 동물 수에 대한 데이터를 수집하고 있다. 지난 15년 동안 브란덴부르크 아우토반 위의 녹색 다리에서 10만 마리 이상의 야생 동물이 목격되었다고 한다. 이를 통하여 전체 녹색 다리를 통하여 상상 이상의 많은 동물들이 이 다리를 사용하고 있음을 예측할 수 있다. 그렇다면 여기에서 한 가지 의문을 갖게 된다. 동물들은 자신의 영역이 있고 다니

다양한 생물체가 사용할 수 있는 생태다리의 예(미드저니)

는 길 또한 거의 정해져 있다. 먹이 사슬의 상위권에 있는 동물들은 그렇지 않은 동물들보다 영역이 더욱 넓을 것이고, 그 동물들이 녹색 다리를 지나간 후 먹이 사슬의 하위에 속한 동물들은 분명 그 다리를 건너는 일을 꺼릴 것이다. 그래서 하나의 다리로는 정확한 기능을 한다고 볼 수 없다. 동물들의 일정한 영역에 맞춰 녹색 다리의 수가 충분해야 하며 다양한 통로가 확보되어야 제대로 기능할 것이다.

독일의 에코 통로를 보면 교량 형태도 있지만 하수구처럼 도로 밑에 놓인 경우도 있다. 이러한 통로는 더 약하고 느린 동물들이 사용하기에 적합하다. 이는 사람의 경우도 마찬가지이다. 도시민들이 부정적인 영역이나 위험한 지역을 꺼리는 것처럼 동물들에게도 안전한 영역 확보는 중요하다. 이를 위해 다양한 녹색 통로가 마련되어야 한다. 동물들이 새벽과 황혼의 시간대에 많이 이동하는 것은 동물들의 본능적인 이동 방법이기도 하겠지만 사람에게 새벽과 황혼은 왕성한 활동을 하는 시간은 아니다. 특히 황혼은 쉼을 향하는 시간이다. 동물들도 크게 다르지 않을 것이다. 이런 점을 감안할 때 다양한 동물들이 안전하게 이동할 수 있도록

독일의 에코 통로 / 사우디아라비아의 도시 '더 라인'

하려면 녹색 교량 하나보다는 다양한 방법과 다수의 교량이 모여 있는 것이 더 효과적일 것이다.

 2017년 10월 사우디 왕자 빈 살만은 네옴시티 프로젝트를 발표했다. 170km(현재는 2.4km로 변경)에 길이에 달하고 높이 500m의 규모는 지금까지 지구상에 존재하지 않았던 프로젝트로 네옴의 핵심 도시인 주거단지 '더 라인'을 통해 공개됐다. 이 프로젝트는 미국 건축회사 모포시스가 기본 계획을 세웠다. 사막의 생태환경이 녹지가 무성한 장소와 다르겠지만 이는 환경 파괴의 문제가 되는 것은 확실하다. 모포시스의 건축 형태는 다른 건축회사 와는 크게 차이 나는 파격적인 형태로 마치 골격과 뼈대로 이뤄진 해체주의 형태를 갖추고 있다. 이는 지금까지 있었던 건축 형태가 자연에 순응하는 형태와는 다르다. 일반적으로 우수가 풍부하지 않다는 사막의 환경을 고려할 때 크게 영향을 미치지 않을 수도 있지만 이 170km라는 라인의 경계로 양쪽의 환경은 크게 영향을 받을 것이다. 건축 시장에 새바람이 불어올 것은 확실하지만 녹색 다리가 얼마나 설치되는가에 따라서 크게 부정적인 영향을 미칠 것이다. 인간의 포부가 큰 만큼 역사에 긍정적인 영향을 미친 것은 확실하다. 그러나 자연이 공존했기에 이 포부의 성사가 가능한 것이었음을 한시도 잊어서는 안 된다.

인간은
자연을 잠시 방문한 손님

지구상에 시한부 생명을 가진 모든 것은 대지의 방문자이다. 지구상 대부분의 생물은 유한한 시간을 가지며, 무한한 생명력을 가진 자연에 대해 겸손하며 순응하려 한다. 자연에 뿌리를 내리고 자연이 주는 기회를 통해 생명력을 유지하고 있다. 자연은 이들이 어려움 없이 살아가도록 바람, 비, 산소 그리고 흙을 제공한다. 이는 지구상에 사는 생물들에게 필수적인 요소들이다. 이 요소들은 우리가 노력하여 얻은 것이 아닌 지구가 우리에게 무상으로 제공하는 소중한 것이다.

오스트리아 건축가 훈데르트바서는 인간은 잠시 자연을 방문한 손님이라고 했다. 이 메시지는 당시에 그리 큰 반향을 일으키지는 못했다. 하지만 우리는 지금 그의 메시지를 심도 있게 생각해 보아야 한다. 늘 인간은 뒤늦게 깨닫는 법이지만 너무 늦은 후에는 수습이 어려울 수도 있다. 이에 훈데르트바서의 메시지에 대해 곰곰이 생각해 보아야 할 때다. 손님은 환영받지만 절대 주인의 삶에 들어가서는 안 된다. 그의 주장에 따르면 자연이 주인이고 인간은 손님이다. 손님은 그곳에 머무는 사람이 아니고 일정한 시간이 지나면 그곳을 떠난다. 그 장소에 대한 변화를 주장할 수 없는 입장인 것이다. 그런데 자연의 손님인 인간은 지금 무언가 착각하고 있다. 바로 그가 경고하는 부분이다.

건축가 가우디는 그의 작품의 모티브를 자연에서 가져왔다. 그래서 그의 건축물은 자연의 토양을 닮았고 자연의 형태를 보여주고 있다. 가우디를 아르누보의 대표적인 건축가로 뽑는 이유가 여기에 있다. 아르누보는 자연에서 볼 수 있는 흔한 곡선을 디자인에 담고 있기 때문이다.

훈데르트바서의 건축 이미지와 가우디의 건축 이미지를 살펴보자. 이들은 이곳에 정착하지 않고 훗날 이곳을 떠날 것을 알고 있었으며 자신의 흔적보다는 자연을 닮으려고 노력했다. 그러나 대부분의 인간은 흔적

훈데르트바서의 건축 이미지 / 가우디의 건축 이미지

을 남기려 노력했다. 대부분의 생물들은 자연의 순리에 맞추어 살아가며, 자연의 일부로 살아가고자 자연에 맞춰 변화한다. 인간도 초기에는 이와 같았다. 바다가 주는 만큼 채취했고, 자연이 주는 만큼 취했으며 자연에 맞춰 살아갔다. 계절에 맞춰 준비했으며 시간에 맞춰 대비하며 살아갔다. 그렇다면 인간은 자연에게 생물과 다른 특별 취급을 받았을까? 그렇지 않다. 자연에게는 인간 또한 다른 생물과 동일한 존재이다. 그러나 언젠가부터 인간은 자연으로부터 특별한 존재가 되기를 요구했으며 이제 자연을 지배하려는 욕심까지 내고 있다.

인간은 자연을 방문한 잠시 머무는 손님이다. 이를 인간이 깨닫기 시작하면서 후세에도 자연을 다스리는 법을 전수하고 자연을 변화하려 하고 있다. 지금 인간은 주기적인 자연의 변화에 대한 데이터를 수집하고 파악하여 대응할 수 있었다. 그러나 인간이 자연에게 가한 변화로 그 주기는 지금까지의 주기와는 다른 현상으로 다가오고 있다. 이는 인간의 후손이 다시 이 주기에 대응하여야 하며 자연의 변화에 대항하여 싸워야 한다는 뜻이다. 이는 자연의 재앙이다. 이 재앙은 자연이 인간을 몰아내는 결과에 도달할 수 있다.

자연은 고요하다. 이는 자연의 질서가 순조롭기 때문이다. 자연은 아름답다. 인간의 기술이 아무리 발달했다 해도 자연의 역사가 더 오래되었기 때문이다. 자연은 모든 것의 조화이다. 이는 자연이 베풀기 때문이다. 인간은 자연 속에 존재한다. 그래서 자연을 사랑하기도 하지만 두려움도 가져야 한다. 자연에 대항하는 생물은 인간밖에 없다. 세상에서 인간이 가장 어리석은 생물이기 때문이다. 내가 건축가라면 자연을 품으려 하지 않고 자연 속에 존재하려 할 것이다. 자연은 모든 것을 품을 수 있도록 배려하기 때문이다. 자연은 인간이 머무는 곳이다. 인간의 세계에 자연을 품으려는 어리석은 꿈을 빨리 포기해야 한다.

그린(Green)과
벨트(Belt)와의 관계

개발이 제한되는 녹지대라는 의미로 그린벨트(Green Belt)라는 단어를 사용한다. 이 구역 내에서는 건축물의 신축·증축, 용도변경, 토지의 형질변경 및 토지분할 등의 행위가 제한된다. 이는 그린벨트의 법률적인 의미이다. 그린벨트의 역사는 오래되었다. 7세기에 무함마드는 사우디아라비아 서부 헤자즈 지역에 있는 메디나 주의 수도인 메디나 주변에 녹지대를 설립했다. 그는 도시 주변 12마일까지 나무 제거를 금지했는데 이것이 그린벨트의 시작이었다. 1580년 영국의 엘리자베스 1세는 전염병 확산을 막기 위해 런던 시 주변 3마일 폭까지 신축 건물을 금지함으로써 이곳에 자연적으로 그린벨트가 형성되기도 했다. 이렇게 그린벨트의 개념은 최근 몇 년 동안 녹색 공간뿐만 아니라 21세기 지속 가능한 개발의 중요한 측면인 모든 도시를 비롯하여 도시 주변에 녹지 공간을 포함하는 녹색 구조를 반영하도록 발전해 왔다.

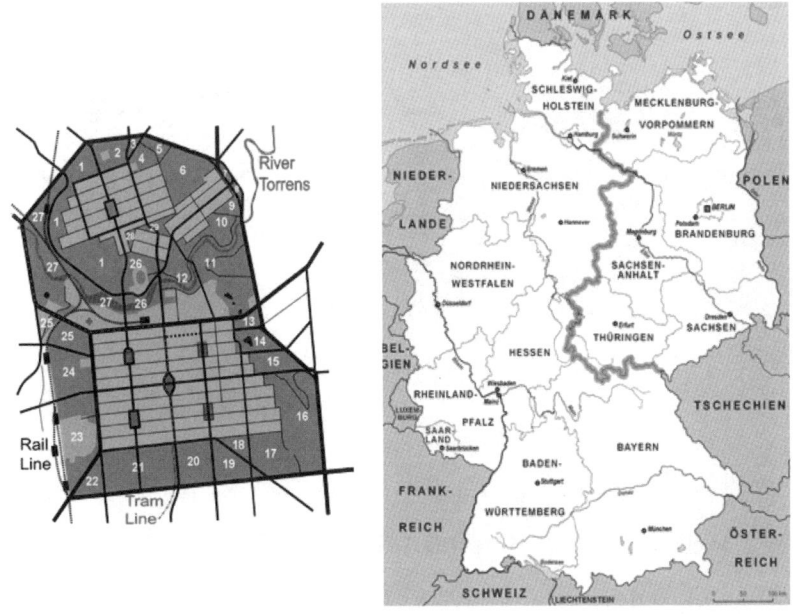

그린벨트로 둘러싸인 호주의 애들레이드 / 독일의 국경지역에 생성된 자연보호지역

 호주 애들레이드의 중심 업무 지구는 1837년에 처음 계획된 대로 지금까지 애들레이드 파크랜드로 도시가 완전히 그린벨트로 둘러싸여 있다. 이 도시의 지도를 보면 도시에 녹색공간이 있는 것인지 아니면 녹색공간에 업무지구가 들어서 있는 것인지 혼동할 정도로 녹지의 영역이 넓다. 이렇게 녹지구역이 정해지면 도시의 확장은 제한되고 도시 개발 계획 또한 이에 영향을 받아 계획적으로 도시 확장이 이뤄진다. 도시에서 녹지가 필요한 이유는 많다.

 영국 요크시 주변의 녹지 지역을 살펴보면 이 또한 요크시가 많은 양의 토지를 녹지대로 유지하고 있음을 알 수 있다. 이는 도시 간의 분리뿐

영국 요크시 주변의 녹지 / 캐나다 오타와의 그린벨트 지역

아니라 도시 확장에 대한 미래 계획이 담겨 있는 것으로 도시와 녹지 분포를 보면 그 도시의 도시 확장에 대한 계획을 엿볼 수 있다. 또한, 캐나다 오타와 지역의 그린벨트 지역은 다른 도시의 그린벨트와 차이가 있다. 도시 전체 면적에 비하여 그린벨트 지역의 면적이 크지 않다는 것이다. 그러나 오타와 도시 전체의 면적을 생각한다면 이 녹지대의 면적이 작은 것은 아니다. 중요한 것은 도시와 도시의 경계선으로 녹지대가 형성되어 있다는 것이다. 이는 곧 두 도시의 그린벨트를 공유할 수 있는 구조이다. 이렇게 그린벨트는 도시 간의 결계선이 되기도 하지만 이 지역은 특별한 기능을 갖고 있다.

국가 그린벨트 정책의 목표는 다음과 같다. 자연 또는 준 자연환경을 보호한다, 도시 지역 내 공기 질을 개선한다, 도시 거주자들이 시골 지역에 접근을 보장하고 결과적으로 교육 및 레크리에이션 기회를 제공한다, 교외 확장으로 인해 흡수될 수 있는 농촌 지역 사회의 고유한 특성을 보호할 수 있다는 것이다. 이 외에도 그린벨트는 사람들에게 많은 이

점을 제공한다. 도시와 마을에 가까운 걷기, 캠핑, 자전거 타기 지역. 야생 식물, 동물, 야생동물을 위한 연속 서식지 네트워크를 형성한다는 것이다. 또한, 깨끗한 공기와 물, 국경 도시 내 지역의 토지 이용을 향상한다. 그린벨트가 도시에 필요한 이유이다. 인간이 정착하면서 오히려 자연녹지는 줄어들고 이것이 사회문제로 대두되면서 이를 정책적으로 개선해야 하는 상황까지 도달한 것이다.

우리와 비슷한 환경을 갖게 된 국가 중 하나는 독일이다. 독일 또한 장기간 분단되면서 국경지역에 사람이 접근하지 않으면서 자연보호지역이 생성되었다. 독일이 분리되는 동안 국경 지역은 접근이 불가능한 지역이 된 것이다. 이 기간 동안 자연은 거의 방해 받지 않은 환경에서 발전할 수 있었다. 이 지역은 오랜 기간 동안 사람으로부터 단절되었기 때문에 인접한 토지의 광범위한 지역이 보호된 것이다. 이 지역의 그린벨트는 매우 풍부한 종과 서식지를 보여주었고, 이들 중 대부분은 현재 멸종 위기에 처해 있다. 국가적으로 중요한 비오톱(도심에 존재하는 인공적인 생물 서식공간)이 상호 연결된 시스템을 나타내며 귀중한 토지와 집약적으로 경작되는 농업 경관을 연결하고 있다. 통일 후 독일 연방 정부와 주 정부 그리고 자연 보호 단체가 힘을 합쳐 이 그린벨트를 보호하고 인간과 자연을 위한 귀중한 서식지로 개발하고 있다. 현재 독일 자연보호론자들이 수행한 이 그린벨트 길이는 1,393km에 이르는데 이는 여러 가지 성과를 거두었다. 146가지의 다양한 서식지가 있다는 것, 독일 레드리스트에 따르면 멸종 위기에 처한 서식지 유형의 64퍼센트가 보존되고 있으며 이 서식지의 85퍼센트가 엄격한 보호를 받고 있다는 것, 98퍼센트가 Natura 2000 및

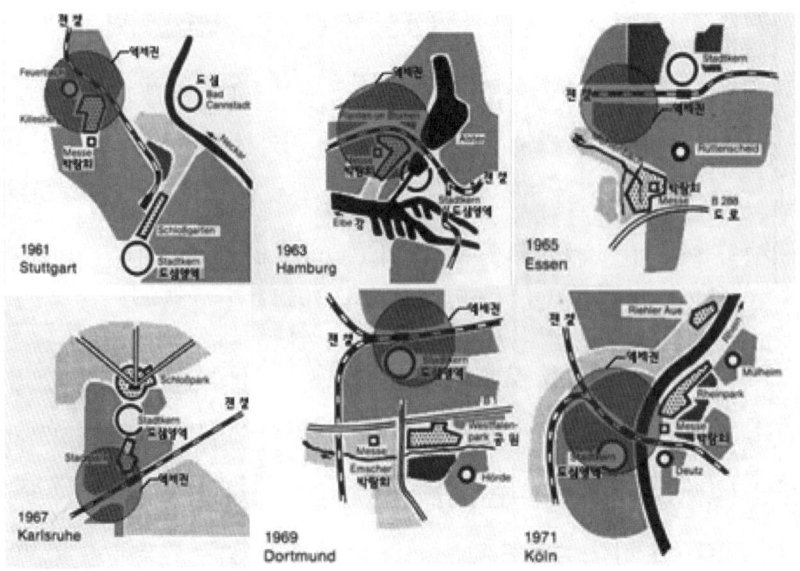

독일 각 도시의 그린벨트 현황

동식물 서식지로 지정되어 있다(EU 서식지 지침 의 보호를 받음)는 것, 또한 유수와 고정 수역 60퍼센트, 광대한 초원, 휴경지 및 숲으로 이루어져 있다는 것이다. 이 지역의 88퍼센트는 여전히 천연 자연과 가깝다.

환경의 다양성은 많은 식물과 동물 종의 중요한 피난처이자 서식지가 되었다. 구두쇠, 곤봉꼬리잠자리, 습지 프리틸러리, 원챠, 붉은등때까치, 검은 황새, 물총새와 같은 희귀한 종들이 이곳에 정착하여 살고 있다.

그린벨트는 두 개의 단어로 조합되어 있다. 그린과 벨트이다. 그린이라는 단어만큼 중요한 역할을 하는 것이 바로 벨트이다. 벨트는 연결의 뜻을 내포하고 있다. 즉 연결하지 못하면 벨트의 기능을 하지 못한다는 것이다. 즉, 그린이 독립적이지 않고 서로 연결되어야 그린이 올바르게 작용

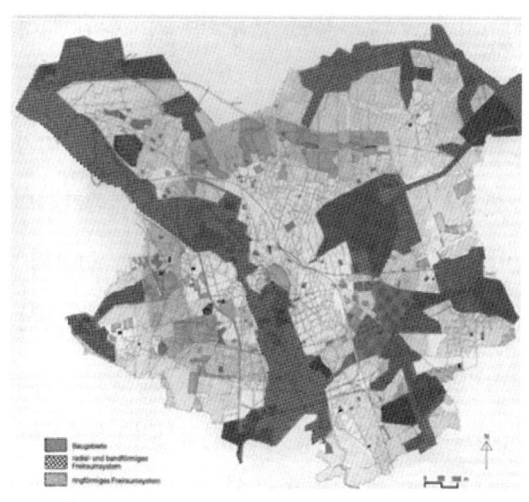
독일 하노버의 도시 내 녹지와 도시 밖 녹지의 연결 현황

한다. 이 그린 영역에서 생명이 유지되려면 벨트의 형식을 취하여 동식물의 자유로운 이동이 가능해야 한다는 것이다. 각 도시에 배치된 그린들이 벨트 형식을 취하고 있기 때문에 지금까지 유지되는 것이다. 만일 벨트 형식을 취하지 않는다면 그린에서 살아남는 동식물은 제한될 수밖에 없고 그린 영역을 필요로 하는 근본 취지를 이해하지 못한 것이다. 독일 각 도시 내에 있는 그린벨트의 모습을 살펴보면 벨트 형식을 유지하며 도시의 개발을 염두에 두고 발전시켰음을 알 수 있다.

독일 하노버의 도시 내 녹지와 도시 밖 녹지의 연결성을 살펴보면 이 벨트 형식은 인간이 자유로운 이동을 위하여 도로를 만드는 것과 같이 이 그린 내에서 서식하는 동식물에게 최소한의 생활권을 부여하고자 한 것으로 보인다. 이는 인간이 도시를 개발하면서 나타난 상황으로 무척

이기적인 방식이지만 그래도 자연에 양보한 최소한의 배려를 엿볼 수 있다.

그린이 벨트(띠)를 이루지 않으면 그 그린은 아무 의미가 없다. 그래서 그린벨트라고 반드시 이어서 불러야 한다. 내가 건축가라면 집을 짓고 녹지를 만들 것이 아니라 녹지에 집을 지을 것이다. 연속되는 녹지를 끊지 않고 녹지에 들어가 사는 형태가 옳기 때문이다. 건축가는 건축 설계 전 대지 환경을 분석한다. 여기에서 녹지의 흐름을 읽어야 하는 것이지 녹지의 존재를 확인하는 것이 아니다. 모든 건축가가 이러한 방식으로 작업한다면 그 녹지는 끊기지 않고 연결될 것이며 동식물과 함께 살아가는 환경을 유지하게 될 것이다.

3

선입견을 깨면 환경이 달라진다

가을의 상징,
도로의 쌓인 낙엽에 대한 고찰

 가을의 거리에는 길에 쌓인 낙엽을 볼 수 있다. 이제 화려했던 한 해가 가고 있음을 알리는 신호이기도 하지만 거리가 낙엽의 색으로 뒤덮이는 시간이다. 이때 프랑스의 시인 구르몽의 '시몬, 너는 좋으냐 낙엽 밟는 소리가'라는 시 구절이 떠오르기도 한다. 갖가지 색의 단풍이 거리를 수놓으면 자연만이 보여줄 수 있는 화려한 풍경을 연출한다. 그런데 이렇게 거리에 낙엽이 쌓이면 사람들이 부지런히 치우는 모습을 볼 수 있다. 가을이 빨리 가기를 재촉하는 것일까. 가을을 좀 더 곁에 두기를 원하는 사람들에게는 조금 아쉬울 수 있다.

 거리에 낙엽이 조금 떨어져 있으면 알록달록 예쁘지만 그대로 방치하면 산처럼 쌓이게 된다. 나무 한 그루에서 나오는 낙엽의 양은 대략 2.4kg이라고 한다. 전국의 가로수를 942만여 그루로 추정한다면 일 년에 2만 2,608톤의 낙엽이 거리에 쌓이는 것이다. 서울시 소방재난본부에 따르면 낙엽으로 인한 화재가 1년에 100건 정도 발생한다고 한다. 또한, 비가 오면 낙엽이 배수구를 막아서 침수 피해의 원인이 될 수도 있고, 낙엽이 미세먼지를 뿜어내기 때문에 공기에 좋지 않은 영향을 미친다고 한다. 시민들이 낙엽을 즐기는 것도 낭만이겠지만 화재, 미세먼지 그리고 배수구로 인한 원인으로 낙엽을 수거하여 재활용한다. 각 지자체는 지역 주민들에게 퇴비로 사용하는 법을 알리기도 하는데 송파구의 경우에는 낙엽을 모아 낙엽이 빨리 사라지는 남이섬으로 옮겨 관광 자원으로 사용한다고 한다.

낙엽은 가을의 정취를 가득 느끼게 하지만 이렇게 문제를 많이 일으킨다. 특히 비에 젖은 낙엽은 도로에서 자동차를 미끄러지게 하여 사고를 유발하기도 한다. 건축가는 이러한 문제를 해결하기 위해 존재하는 것일지 모른다. 아키텍트(Architect)라는 의미는 창조자란 뜻이기 때문이다. 즉 건축가는 문제를 알고 이를 해결하려는 능력을 갖추어야 한다. 디자인의 최종 목표는 문제 해결이다.

낙엽이 들어가지 않도록 디자인한 맨홀

낙엽이 거리에 쌓였을 때 주택가와 인도의 낙엽만 치운다면 미세먼지 발생이 줄어들지 않을까? 낙엽이 있는 거리의 풍경을 유지하고자 한다면 거리의 하수구 맨홀 뚜껑을 낙엽이 들어가지 않도록 디자인하거나 하수도 맨홀의 크기를 기존과 다르게 하면 어떨까 생각한다.

모든 것에는 장점만 있거나 단점만 존재하지는 않는다. 내가 건축가라면 디자인=기능+미라는 생각으로 해결책을 찾으려고 노력할 것이다. 그렇다면 도시민들은 이러한 노고에 감사할 것이며 그 도시를 좀 더 즐기려 할 것이다. 그러나 대부분 도시의 많은 부분들이 너무 기능적인 역할만 부여하고 미에는 투자하지 못하는 경향이 있다. 실무자는 언제나 사용자의 입장에서 무엇이 최선인가를 고민해야 한다. 모든 도시 거리에 쌓인 낙엽을 그대로 두라는 것은 아니다. 낙엽이 주는 단점을 최대한 줄일 수 있는 거리가 있을 것이다. 그러한 거리에 낙엽을 쌓아 둘 수 있는 해결책을 만든다면 도시민은 가을을 좀 더 즐길 수 있을 것이다. 도시는 도시민을 위한 최고의 품질을 만들기 위하여 노력해야 한다. 좋은 도시에는 행복한 도시민이 많다.

맨홀 뚜껑은
왜 도로에 있을까?

　도로에 맨홀 뚜껑이 있다면 이 도로 밑으로 하수관이 지나고 있음을 알 수 있다. 도로 주변에 건물이 한 방향으로 자리하고 있다면 맨홀 뚜껑은 인도에 가깝게 설치되어 있고 도로 양쪽으로 건물이 늘어서 있다면 맨홀 뚜껑은 대개 도로 중앙에 자리한다. 그렇다면 왜 맨홀 뚜껑은 도로에 있는 것일까?

　하수도는 도시와 마을 사람들이 더욱 편리하고 건강하며 안전하게 거주하는 데 중요한 역할을 한다. 이 하수 시스템은 오수, 폐수 그리고 빗물을 운반하여 도시 환경을 오염으로부터 방지하는 역할을 한다. 그런데 궁금한 것은 왜 하수구 또는 맨홀 뚜껑은 일반적으로 도로 중앙에 있는가 하는 것이다.

　하수관은 길 양쪽의 집과 빗물 배수관 사이의 거리를 동일하게 유지하기 위해 도로 중앙에 배치하는 경우가 많다. 이러한 레이아웃을 통해

전라북도 익산시에 위치한 어느 도로의 맨홀 뚜껑

도시는 동일한 거리에서 주요 하수관에 더 쉽게 도달할 수 있으며 폐수와 빗물의 효율적인 흐름이 생긴다. 하수관을 도로 중앙에 설치하는 것은 하수 시스템이 분리되거나 보수 등의 작업을 해야 하는 경우에 주변을 방해하지 않기 위한 것이다. 파이프가 도로망을 따라갈 수 있기 때문에 새 집이나 주변 동네에 서비스를 제공할 때 가장 유용한 거리를 유지할 수 있다.

다른 이유는 하수관이 놓여 있는 깊이다. 1차 하수 및 우수관은 도로 표면 아래 깊은 곳, 일반적으로 도로 중앙으로 연결되어 있다. 유지 관리 목적으로 이 시스템에 접근하는 가장 좋은 방법 중 하나는 작업자가 하수관에 쉽게 도달하고 유지 관리할 수 있는 맨홀의 위치가 도로가 가장 좋은 위치라는 것이다.

하수도 맨홀은 뚜껑보다 훨씬 더 크기 때문에 인도보다 더 넓은 공간에 수용해야 한다. 인도 아래에 있는 하수도의 위치를 찾는 것은 여러 가지 면에서 상황을 복잡하게 만들 수 있다. 게다가 하수 관리를 실시할 때마다 보도의 한 부분을 파내야 하기 때문에 비용이 많이 들 뿐 아니라 인도 이용을 중단해야 하니 불편이 초래될 수 있다.

또한 하수도 자체에서 발생할 수 있는 폭발 및 기타 안전 위험을 방지하려면 건물과 서로 다른 하수도 외에 설치된 가스, 전기 등 다양한 시설 간에 안전한 거리를 유지하는 것이 필요하다. 하수관이 인도 아래로 흐르면 물, 전기 및 케이블 라인을 방해할 수 있기 때문이다. 폭발 및 기타 위험을 방지하려면 다양한 유틸리티를 서로 멀리 유지해야 하기에 일정한 간격이 필요하다. 인도 아래에는 물, 전기, 케이블 선 등 다양한 시설이 있을 수 있다. 그래서 인도 아래에 있는 다른 배관과 간격을 유지하다 보면 우수 및 하수관은 특정 용량, 즉 크기를 수용해야 하기에 도로 부분으로 밀려나는 것이다. 도로 중앙은 송전선과 거리를 주행하는 자동차 사이에 완충 장치를 제공하므로 우발적인 접촉을 방지할 수 있다. 도

맨홀이 중앙에 있는 주택가 모습

로에 하수도를 설치하면 모든 유지관리 작업을 안전하게 수행할 수 있어 작업자와 주민 모두를 보호할 수 있다. 도로 시스템은 또한 긴급 상황이나 사고로부터 추가적인 보호 영역을 제공하기도 한다.

하수구가 도로 한가운데로 흐르는 이유에 대해 선뜻 이해할 수 없는 부분이 있을 것이다. 이는 효율적인 물의 흐름을 위한 유지 관리와 안전을 보장하는 중요한 엔지니어링에 대한 고려 사항이 있기 때문이다. 맨홀 뚜껑이 있는 이유는 문제가 발생했을 경우 하수관을 찾기 쉬운 것은 물론 하수관의 유지 관리가 용이하고 맨홀에 들어가 작업할 때 도로 운행을 중단해야 하는 불편함을 피할 수 있기 때문이다. 맨홀 뚜껑은 별로 커 보이지 않지만 그 아래 맨홀 자체는 훨씬 넓다. 그래서 인도 아래에 설치하는 것이 불편한 것이다. 도로 중앙에 하수관 시스템을 유지함으로써 도시에서 발생할 수 있는 사고의 가능성과 기타 위험을 줄일 수 있는 이점이 있다.

하수구는 빗물 시스템과 하수 시스템이라는 두 가지 범주로 구성된다. 대부분의 사람들이 이 두 가지는 같은 것이 아닌지 묻기도 한다. 그러나 같지 않다. 빗물 하수 시스템은 거리의 비, 녹은 눈 및 기타 액체를 가장 가까운 빗물 배수관과 거리 아래의 주요 빗물 하수관으로 끌어들이는 기능을 한다. 그다음 물은 가장 가까운 자연 수역이나 저수지로 흘러 들어가게 된다. 하수 시스템은 빗물 시스템과 유사한 과정을 따르는 폐수 하수 시스템이다. 예외가 있다면 지역 건물의 싱크대, 샤워실, 화장실 등에서 내용물을 가져오는 것이다. 폐수는 결국 폐수 처리장으로 연결된다.

이러한 이유로 하수구 뚜껑 맨홀이 도로에 놓이게 될 것이다. 이는 기

위) 면의 높이와 다르게 설치된 맨홀 뚜껑
아래) 맨홀 뚜껑 설치 작업 중으로 도로 면과 맨홀 입구를 위한 작업을 구분하여 시행하는 것을 알 수 있다

능적인 부분이다. 그런데 때로 맨홀 뚜껑이 도로 위 레벨과 같지 않은 경우가 있다. 어떤 이유 때문인지 알 수는 없지만 이는 도로상에서 상당히 위험한 상태로 결코 있어서는 안 되는 일이다. 내가 건축가라면 상황을 충분히 파악한 후 작업할 것이다. 맨홀 입구라는 기능적인 부분만 생각하고 작업이 이뤄졌다든지 어쩔 수 없는 상황이라는 이유를 든다면 무척 곤란하다. 이는 많은 사람들에게 피해를 줄 수 있기 때문이다. 디자인은 형태를 만드는 것이 아니고 문제 해결에 있다. 이렇게 도로의 레벨과 뚜껑의 레벨이 같지 않으면 자동차의 사고 원인은 물론 도로가 파손되는

원인이 되어 추후에 레벨을 맞추는 데 소요되는 비용보다 도로 복구 공사에 더 많은 비용을 지불하게 될 것이다. 물론 대도시와 작은 도시의 경우는 많이 다르다. 대도시 같은 경우에는 대체적으로 레벨을 맞추는 경우가 많은데 소도시의 경우에는 잘못된 레벨의 경우를 많이 볼 수 있다. 모든 작업의 매뉴얼이 동일하다면 이는 관리자에게 책임을 물어야 할 것이다. 관리자의 능력은 제품의 질에 직접적인 영향을 끼친다. 기능은 필수적인 사안이지만 미는 관리자의 수준에 영향을 받기 때문이다. 미는 반드시 형태만을 의미하는 것이 아니라 전체적인 외관을 말한다. 작업을 할 때 '이 정도면 됐어'라는 생각은 아주 위험한 태도이다. 모든 작업자는 반드시 더 나은 상황에 대한 지식과 실력을 갖추어야 한다. 그러기 위해서는 그 작업에 대한 지식과 경험이 반드시 필요하다.

터널에도
디자인을 입힌다면

　우리나라는 산이 많은 만큼 수많은 터널을 보유하고 있다. 이는 터널에 대한 지식 또한 풍부하다는 뜻이기도 하다. 실제 우리나라의 터널 공사는 수준급이다. 기술적으로도 발달되어 있고 운전을 하다 보면 터널 내에서 졸음을 방지하기 위해 경각심을 일으키기 위한 장치도 곳곳에서 볼 수 있다. 상당히 고맙고 섬세한 배려임을 알 수 있다. 터널에 진입하기 전 터널 차단기라는 장치나 차선 사용을 위한 화살표도 잘 표시되어 있다. 이런 우리나라만의 섬세한 장치들은 어느 나라를 가도 볼 수 없다. 이같이 기술적으로는 어느 하나 부족함이 없는 기능을 갖추고 있다. 그러나 한 가지 의문점은 터널이 대부분 동일한 형태를 갖추고 있다는 점이다. 물론 지금까지 쌓아온 경험과 지식을 바탕으로 터널의 기능에 최상의 조건을 부여하다 보니 대부분의 터널이 동일한 형태를 갖추고 있다고 이해할 수 있다. 그런데 조금 아쉬운 것은 터널의 형태는 동일하지만

위) 영동고속도로 인천 방향 광교 터널 입구
중간) 좌측의 터널에는 입구에 네온사인을 설치했고, 가운데 사진은 터널의 폭보다 입구를 확장해 보았으며, 오른쪽 터널은 녹지를 입구까지 연속해 만들어 본 것이다
아래) 미국 서부의 캐넌 등과 같은 협곡에서 볼 수 있는 터널로 환경 보호 차원에서 건설된 것으로 추측할 수 있는데 인위적인 작업이 가미되지 않고 자연 그대로를 보여주려는 의도를 알 수 있다. 가운데 사진의 터널은 우측면을 완전히 깎아버리면 터널을 만들 필요가 없었을 것이지만 자연보호라는 교훈과 함께 재미를 더한다

터널의 배경은 모두 다르다는 점이다. 모든 터널의 입구는 다른 풍경, 즉 다른 배경을 갖고 있다. 이렇게 다른 배경에 따라 다른 터널 입구를 디자인하는 것은 어려운 일인가 생각해 본다.

터널에 디자인을 입히는 것이 큰 의미가 있다고 말할 수는 없지만 기능만 있는 형태보다는 디자인을 더한 환경을 갖춘다면 다음 세대는 기능과 디자인이 동시적인 작업임을 알게 되지 않을까 생각한다. 디자인은 환경을 바꾼다. 이 환경은 곧 사고를 바꾸는 자연스러운 역할도 할 것이다. 디자인은 곧 모든 작업의 마무리이다. 그 본질을 본질처럼 보이지 않고 다른 상상을 할 수 있게 하는 역할을 디자인이 하는 것이다.

미국 서부의 캐년과 같은 곳에서는 협곡의 이미지를 고스란히 담은 터널을 흔히 볼 수 있다. 마치 자연 동굴을 들어가는 이미지로 인위적인 것에 비하여 심리적으로 불안감도 줄 수 있겠지만 자연에 대한 경고로 볼 수도 있다. 우리 주변에는 이러한 상황이 결코 없었을까 생각해 본다. 아마도 작업자의 편의에 맞춰 도로를 건설하는 것이 아닐까 하는 생각을 해본다. 이렇게 생각하는 이유는 우리 주변에 이러한 터널이 하나도 없다는 오해 때문일지도 모른다. 모든 작업의 끝에는 미래 세대에 대한 메시지가 담겨 있어야 한다. 다양한 환경은 다양한 사고를 갖게 한다. 기술은 만드는 것이 아니라 기능과 미가 공존해야 하는 것이다. 기능은 사용하는 이를 기쁘게 하는 것이며, 미는 바라보는 이를 기쁘게 하는 것이다. 사용하는 이는 곧 바라보는 이라는 걸 기억해야 한다. 내가 건축가라면 사용하는 이와 바라보는 이 모두를 즐겁게 할 수 있는 방안에 대해 생각할 것이다.

도로의 일부가 된
고속도로 방음벽

연구에 따르면 인간이 소음 공해에 지속적으로 노출될 경우 건강에 부정적인 영향을 미칠 수 있는 것으로 나타났다. 예를 들어, 85dB 이상의 소음 수준에 지속적으로 노출되면 청력 손실이 발생할 수 있는데 고속도로는 70~85dB 사이의 소음 수준을 생성할 수 있어 고속도로 인근에 거주하는 주민들에게 큰 스트레스로 작용할 수 있다. 이에 소음을 최소화하고 주민들에게 미치는 소음의 영향을 완화하기 위해 광대한 고속도로 네트워크를 따라 고속도로 방음벽을 설치하게 되었다.

고속도로에 설치된 방음벽은 흔하게 볼 수 있는 시설이지만 용도가 무엇인지 정확하게 아는 사람은 많지 않다. 고속도로 방음벽은 소음 공해가 심각한 지역에서 소음을 줄이거나 제거하도록 설계된 외부 구조물이다. 방음벽은 유리 섬유, 벽돌, 목재, 금속 또는 콘크리트와 같은 견고한 재료로 만들며 이러한 재료의 특성에 따라 벽 자체의 특성이 결정되기도 한다.

 이름에서 알 수 있듯이 주목적은 고속도로에서 발생하는 소음과 벽 반대편에 거주하는 주민 사이에 장벽을 세워 도로, 철도 또는 산업 단지 근처에 거주하는 사람들을 소음으로부터 보호하는 한편 소음원을 제거하거나 중단하지 않고 소음의 영향을 완화하도록 하는 것이다.

 방음벽의 개념은 비교적 간단하다. 도로변 근처에 일정한 두께의 견고한 벽을 설치하는 것인데 자동차가 통과할 때 생성되는 음파가 벽의 단단한 표면에 따라 작용하는 원리이다. 벽은 그 특성에 따라 음파를 반사하거나 흡수하거나 통과하도록 작용한다. 또한 소음와 벽 사이의 상호 작용 정도는 벽의 높이에 따라 달라질 수도 있다. 벽이 높을수록 소리가 상호 작용할 수 있는 표면이 많아지는 것이다. 그러나 벽의 높이는 무한할 수 없으므로 음파의 일부는 벽 위를 통과할 수 있으며 회절 현상을 통해 흩어진다. 이러한 음파는 벽에서 상당한 거리까지 들리게 된다.

 이 방음벽의 기원은 미국 고속도로 개발과 연관이 있다. 고속도로의 진정한 기원에 대해 논쟁이 있을 수 있지만 전문가들은 방음벽과 관련된 최초의 고속도로는 캘리포니아에서 시작되었다고 본다. 1940년에 개통된

고속도로에 설치된 방음벽

아로요 세코 고속도로는 당시 가장 긴 도로였는데 로스앤젤레스 시내와 패서디나를 오가며 캘리포니아 초기 자동차 문화를 형성하는 길을 열기도 했다. 오늘날 이 도로는 110번 고속도로로 불린다.

아로요 세코 고속도로가 건설된 후 이를 연결하는 유사한 도로가 개설되면서 도시의 자동차 통행량이 증가하고 인근 도시로의 접근성이 향상되면서 소음에 대한 관심을 갖게 된 것이다. 1930~1940년대 초 자동차 여행은 A지점에서 B지점으로 빠르게 이동하는 것이 아니라, 여유로운 속도로 여행하고 경치를 즐기며 길을 따라 명소를 둘러보는 것이었다. 그러나 제2차 세계대전이 끝난 후 경제 발전으로 미국의 국내 상황이 극적으로 개선되면서 인프라 개발이 본격화되어 미국의 고속도로 네트워크가 기하급수적으로 증가한다.

특히 자동차 제조 분야에서 기술 혁신을 촉진하면서 경제 전망에 청신호를 켜게 된다. 사람들은 좋은 경치를 감상하는 데 초점을 맞추면서 빠른 성장 속도를 따라가기를 원했는데 이는 더 빠른 속도로 여행해야 한다는 것을 의미한다. 이로 인해 속도에 대한 요구가 도로에서 더 많은 견인력을 요구함에 따라 더 넓은 타이어와 더 낮은 차량에 대한 필요성이 커지게 된 것이다. 전반적으로 자동차에 대한 접근성이 향상되고 고속도로의 급속한 확장으로 인해 도로 위의 차량 수가 기하급수적으로 증가했으며, 이 모든 것이 국가의 주요 도로망에 더 많은 소음을 발생시키는 결과를 낳게 되었다. 미국 도로를 통과하는 차량의 수가 로스앤젤레스 시내에 더욱 증가하기 시작했고 이 지역을 통과하는 차량이 많아지면서 이 지역의 공연자와 청중 모두에게 소음이라는 영향을 미치게 된 것이다.

UCLA의 음향학 교수인 베른 올리버 크누드센(Vern O. Knudsen) 박사는 캘리포니아 공공 사업부와 협력하여 할리우드 볼(Bowl) 근처의 소음이 일상적인 운영에 미칠 영향을 연구했다. 교수는 소음을 차단하기 위해 벽이나 난간을 설치할 것을 권고했는데 그에 따르면 벽은 볼의 남동쪽 모퉁이를 따라 배치되어야 하며 고속도로 소음으로부터 충분한 보호를 제공하기 위해 높이가 최소 10피트 이상이어야 한다고 주장했다. 이후 소음 통제 법안이 탄생하면서 적용 지역에 소음벽이 등장하게 된 것이다. 이는 지역민들에게는 반가운 일이지만 이로 인해 고속도로 주변의 환경

위) 단조로움을 탈피하기 위해 저자가 디자인한 방음벽
아래) 친자연적인 분위기를 인위적으로 표현한 이미지

다양한 재료로 방음벽이 변화할 수 있다는 가능성을 제시한다

은 달라졌다.

닭이 먼저냐 아니면 달걀이 먼저인가 하는 물음처럼 주거지역이 먼저인가 아니면 고속도로가 먼저인가에 대한 질문이다. 고속도로와 주거지역의 법적인 이격 거리 기준이 있다면 이에 따라 주거지역이나 고속도로를 설치해야 하는 것이다. 특히 고속도로 설치 후에 방음벽이 설치된 곳도 있다. 이는 이 이격 거리를 준수하지 않고 주거지역을 조성했기 때문에 민원으로 인해 후에 설치했을 것이다. 반대로 주거지역이 밀집된 곳에 도로를 낸 경우도 있다.

방음벽 설치에는 유리 섬유, 벽돌, 목재, 금속 또는 콘크리트와 같은 다양한 재료가 등장한다. 우리의 젊은 세대가 획일적인 환경에서 살아가는 것은 전적으로 기성세대에게 책임이 있다. 그들에게 획일적인 환경을 적용했기 때문이다. 다양한 환경을 접하며 사는 세대는 다양한 사고를 할 수 있다. 내가 건축가라면 모든 작업에 이러한 개념을 적용할 것이다. 우리나라의 방음벽은 대부분 기능적인 부분만 부각되어 있어 동일한 형태가 많다. 이제 방음벽은 도로의 일부가 되었다.

단조로운 환경을 단조롭지 않게 해보자는 생각에서 방음벽을 디자인해 보았다. 물론 모두가 동의하지는 않겠지만 조금은 긍정적인 영향을 줄 수 있지 않을까? 과거가 단색의 시대였다면 지금은 컬러의 시대이자 입체의 시대이다. 입체적인 환경 조성은 다양한 사고를 가진 사람들에게 이로움을 줄 것이다.

사람들은 자연의 색에 익숙해져 있는 만큼 자연은 우리의 고향과 같다. 방음벽은 소음을 차단하는 수단이지 자연을 차단하기 위한 것이 아니다. 도로가 건설되면서 자연을 분리시키고 방음벽이 설치되면서 시야마저 차단시키는 것은 건축가적인 자세가 아니다. 모든 시야는 연속되어야 한다. 차단이 최선은 아니라는 뜻이다.

미의 의미는 인식한다는 뜻으로 우리가 인식할 것이 주변에 많다는 것은 미적 요소가 많다는 것이다. 도시는 국가가 만드는 것이 아니다. 국가는 경제적인 부분과 과정만 책임지면 된다. 모든 것은 전문가의 주도하에 이루어져야 한다. 그렇지 않다면 지금과 같이 기능적인 부분만 부각되고 도시의 미적인 부분은 찾아보기 힘들어질 것이다.

모든 작업에는 기능과 미를 함께 담아야 한다. 미(형태)는 과거 모던 이전의 방식이고 기능은 모던이 추구하는 방식이다. 한때 형태주의와 기능주의가 부딪히던 시기가 있었지만 현대는 이 두 가지 모두 경험한 시대인 만큼 우리 주변에 기능에 미를 결합한 시설물이 늘어난다면 좋지 않을까. 기능은 역할을 담당하지만 미는 무구한 상상력을 만들어내는 역할이라는 점을 기억했으면 한다.

도시의 밤을 밝히는
가로등 이야기

　도시에는 많은 요소들이 있다. 낮에는 이 요소들이 도시를 꾸미고 도시를 기억하게 하는 요인이 된다. 아름다운 도시에는 아름다운 것들이 있다. 그러나 해가 지면 이 많은 요소들은 어둠 속으로 사라진다. 그리고 밝을 때 보이지 않았던 새로운 요소들이 도시를 꾸민다. 여기서 중요한 것이 바로 가로등이다. 가로등은 사라진 햇빛을 대신하여 도시를 밝히는 기능을 한다. 주변을 밝히는 영역은 부족하지만 이마저도 없다면 도시는 암흑이 될 것이다. 미래파는 어둠 속에 잠긴 도시를 미적인 것과 거리가 멀다고 여겨 도시가 늘 밝게 움직이고 있음을 표현하고자 가로등 설치를 제안하였다. 미래파는 속도와 소음을 최고의 미로 삼았기 때문이다. 아르누보는 생동감의 표현에 곡선을 사용하기도 했지만 미래파는 소음과 속도감을 생동감의 기준으로 삼은 것이다.
　이렇게 어둠에 묻힌 도시는 다시 가로등에 의해 재탄생되었다. 가로등은 빛을 발산하지만 가로등에 매달린 등의 형태에 따라 빛의 전달이 달라진다. 둥근 등은 둥글게, 사각진 가로등은 사각의 형태로 빛을 전달한다. 지금은 전기로 가로등을 밝히지만 과거에는 촛불이 이를 대신했기 때문에 가로등에 개폐 기능이 있었다.

  백열등이 등장하기 전에는 도시에 촛불 조명이 사용되었는데 가로등을 켜는 사람이 황혼 무렵에 마을을 돌아다니며 각 램프에 불을 밝혀야 했다. 공공 가로등은 16세기에 발명되었는데 런던의 에드먼드 헤밍과 암스테르담의 얀 반 데어 헤이든이 유리창을 갖춘 랜턴을 발명한 이후 가속화되었으며 빛의 양 또한 크게 향상되었다. 1588년 파리 의회는 각 교차로에 횃불을 설치하고 점등하도록 법령을 시행했고, 1594년 경찰은 이를 등불로 바꾸었다. 그러나 17세기 중반에 여행자들이 밤에 어둡고 구불구불한 거리를 통과해야 할 경우 등불 운반자를 고용하는 것이 일반적인 관행이 되었다. 루이 14세는 1667년 파리에서 거리와 교차로에 조

도시의 다양한 가로등

명을 설치하고 유지 관리할 뿐만 아니라 조명기를 훼손하거나 훔치는 것에 대한 엄격한 처벌을 포함하는 전면적인 개혁을 승인하기도 했다. 파리에는 17세기 말까지 2,700개가 넘는 가로등이 있었고, 1730년에는 두 배나 늘어났다. 이에 거리에는 18m 간격으로 줄에 매달린 등불이 설치되었다. 1698년 영국인 방문객은 '겨울 내내, 심지어 보름달에도 거리에는 불이 켜져 있다!'고 열광했고, 1712년에 서술된 것으로 알려진 한 일기장에는 '하이드 파크를 거쳐 켄싱턴에 있는 여왕의 궁전까지 어두운 밤의 길을 밝히기 위해 등불이 배치되었다'라고 기록되어 있다.

레베르베르(Réverbère)라고 불리는 훨씬 개선된 석유 랜턴이 1745년에 도입되었는데 이 레베르베르에서 발산되는 빛은 눈부심을 호소하는 사람들이 있을 정도로 상당히 밝았다. 이 등은 가로등 기둥 꼭대기에 붙어 있었다. 1817년까지 파리 거리에는 4,694개의 램프가 있었는데 프랑스 혁명(1789~1799년) 동안 혁명가들은 가로등 기둥이 귀족에 반대하는 자들의 목을 매달 수 있는 좋은 장소라고 생각할 정도였다.

가스를 이용한 최초의 공공 가로등은 1807년 6월 4일 프레데릭 앨버트 윈저에 의해 런던의 팔 말에서 시작되었다. 1811년 엔지니어 사무엘 클레그는 세계에서 가장 오래된 가스 공장을 설계하여 건설했는데 가스는 랭커셔 북부의 돌핀홈 마을에 있는 소모사 공장을 밝히는 데 사용되었다. 클레그 덕분에 건물 소유주는 매일 밤 최대 1,500개의 양초 비용을 절약할 수 있었던 것이다. 또한 돌핀홈에 있는 공장 주인의 집과 공장 노동자의 집이 있는 거리를 밝히는 데도 가스가 사용되었다.

최초의 전기 가로등은 아크 램프를 사용한 것으로 초기에는 1875년 러

시아인 파벨 야블로치코프가 개발한 '전기 양초' 또는 '야블로치코프 양초'라고 불렸다. 이는 교류를 사용하는 탄소 아크 램프로 1876년 로스앤젤레스 시의회는 가로등 조명을 위해 신생 도시의 여러 장소에 4개의 아크 조명을 설치하도록 명령했다. 또한, 1878년 5월 30일, 파리 만국 박람회 개막을 축하하기 위해 개선문 주변의 오페라 거리와 에투알 광장에 파리 최초의 전기 가로등이 설치되었다. 1881년 파리 국제 전기 박람회에 맞춰 주요 도로에 가로등이 설치된 것이다.

백열전구가 켜진 최초의 거리는 뉴캐슬의 모슬리 스트리트였다. 이 거리는 1879년 2월 3일 조셉 스완의 백열등으로 하룻밤 동안 불을 밝혔는데 결과적으로 뉴캐슬은 전기 조명으로 밝혀진 세계 최초의 도시 거리를 갖게 된 것이다.

가로등과 구별되는 것이 도로등이다. 도로등은 일반적으로 자동차의 움직임과 많은 표지판이 있는 교차로를 비롯해 운전자가 헤드라이트의 광선에 없는 많은 정보를 신속하게 받아들여야 하는 상황에 도움이 되는 시설이다. 고속도로 교차로 또는 출구 램프와 같은 곳에서는 운전자가 모든 위험을 신속하게 볼 수 있도록 교차로에 조명을 밝힐 수 있으며, 잘 설계된 도로에서는 교차로 전 약 4분의 1 동안 조명을 점차적으로 증가시키고 점차적으로 감소시키는 작용을 한다. 그 후 조명은 운전자의 야간 시야를 보호하고 다가오는 헤드라이트의 가시성을 높이기 위해 고속도로의 주요 구간은 조명이 꺼진 상태로 유지된다. 헤드라이트가 도로를 비추지 않는 급커브가 있는 경우 커브 외부의 조명이 필요한 경우 설치되기도 한다.

거리의 가로등 / 고가도로에 설치된 가로등

    이렇게 가로등과 도로등은 도시에서 빛을 밝히는 고유의 기능을 부여 받았다. 이 고유의 기능은 동일하지만 그 형태는 다양하다. 이는 마치 집 안에 불을 밝히기 위하여 조명을 설치하지만 각 공간의 성격이나 인테리어를 위하여 조명의 종류를 다양하게 선택하는 것과 같다. 도시의 각 공간들은 어떤 디자인으로 채워졌는가에 따라 분위기가 달라진다. 그 공간을 채우는 사람들이 이러한 내용을 바탕으로 디자인을 채워 나간다면 도시민들의 감성은 달라질 것이다. 토속적인 마을에 가 보면 그 분위기를 살리기 위한 전통적인 요소들을 곳곳에 배치한 것을 볼 수 있다. 도시도 마찬가지이다. 먼저 도시의 분위기를 결정한 후 그 분위기에 맞추어 도시를 꾸미는 요소들의 디자인을 결정한다면 더없이 좋을 테지만 아쉬운 것은 전체적인 분위기를 읽을 수 없고 각 도시를 꾸미는 각 요소들에 통일성이 없다는 점이다.

도시에는 많은 행사가 개최된다. 대부분의 행사는 낮에 열리지만 밤에 절정을 이루는 경우가 많다. 이 경우 가로등의 역할은 아주 크다. 내가 건축가라면 가로등의 기능을 유지한 상태에서 그 도시에서 개최되는 행사를 검토하여 이에 걸맞은 디자인을 가로등에 적용할 것이다. 행사가 열리지 않는 기간이라도 가로등은 늘 그 자리에 서서 그 거리의 중요한 디자인 요소로 작용할 것이다. 사람들은 전체적인 분위기를 바라보지만 우리의 감성은 부분적인 요소들에 좌우되는 경우가 많다. 먼저 전체적인 디자인을 결정하고 그에 따른 부수적인 요소들을 그 범주 안에서 결정한다면 도시는 혼란스럽지 않으면서도 누가 디자인을 적용하더라도 크게 달라지지 않을 것이다. 좋은 도시에는 좋은 디자인이 있다.

공원은 건강한 도시의
첫째 조건이다

　도시는 원래 녹지였다. 그러나 도시가 개발되면서 녹지가 사라지게 되었다. 그렇다면 대부분의 서비스 시설이 갖춰진 도시에 녹지가 필요한 이유는 무엇일까? 공원은 인간의 즐거움과 휴양을 위해 또는 야생동물이나 자연 서식지를 보호하기 위해 마련된 자연, 반자연 또는 식재 공간의 영역이다. 도시 공원은 마을과 도시 내부의 휴양을 위해 따로 마련한 녹지 공간이다. 국립 공원과 시골 공원은 휴양을 위해 사용되는 녹지 공간이며 주립 공원은 지방정부의 주정부와 기관에 의해 관리되는 공원이다. 공원은 기본적으로 잔디밭, 바위, 흙, 나무로 구성되지만 건물과 기념물, 분수, 놀이터 구조물과 같은 기타 인공물도 포함될 수 있다. 많은 공원에는 야구나 축구를 할 수 있는 넓은 운동장과 농구와 같은 스포츠를 즐길 수 있는 포장된 공간이 있다. 많은 공원에는 걷기, 자전거 타기를 비롯해 기타 활동을 위한 산책로가 있다. 일부 공원은 수역이나 수로에 인

접하여 건설되었으며 해변이나 보트 선착장 등에 조성되기도 했다. 도시 공원에는 벤치가 있는 경우가 많으며 피크닉 테이블과 바비큐 그릴이 조성되어 있기도 있다.

큰 공원은 수십만 평방 킬로미터에 달하는 광대한 지역이나 야생 동물이 많고 산과 강이 있는 자연 지형에 조성된다. 많은 대규모 공원에서는 허가증이 있으면 텐트에서의 캠핑이 허용된다. 또한, 많은 자연 공원은 법으로 보호되며 사용자는 모닥불 사용 금지, 유리병 반입 금지 등과 같은 제한 사항을 따라야 할 수도 있다. 대규모 국립 공원과 하위 국립 공원은 일반적으로 공원 관리인이 감독한다. 넓은 공원에는 따뜻한 계절에 카누와 하이킹을 즐길 수 있는 공간이 있고, 일부 북반구 국가에서는 추운 계절에 크로스컨트리 스키와 같은 설상 스포츠를 즐길 수 있는 공간이 있다. 라이브 쇼, 박람회장 놀이기구, 다과, 기회나 기술 게임을 즐길 수 있는 놀이공원도 있다.

미국을 비롯한 유럽 국가가 도시 공원을 조성하기 시작한 계기는 마을과 마을의 안전한 경계 내에 목초지를 확보하려는 중세 관행에서 비롯되었다. 이러한 관행에서 발전한 도시 공원의 가장 유명한 사례로 미국 매사추세츠주 보스턴에 있는 보스턴 코먼(Boston Common. 1634)을 들 수 있다. 산업 혁명과 함께 공원은 도시와 마을에서 자연의 느낌을 보존하기 위해 따로 마련된 지역이라는 새로운 의미를 갖게 되었다. 스포츠 활동은 이러한 도시 공원의 주요 용도가 되었다. 자연미가 뛰어난 지역은 무분별한 개발로 인해 훼손되는 것을 방지하기 위해 국립공원으로 지정되기도 했다.

공원 디자인은 사용 가능한 토지의 특징뿐만 아니라 의도된 목적과 이용하는 시민의 영향을 받는다. 어린이들에게 레크리에이션을 제공하기 위한 공원에는 놀이터가 포함되고, 주로 성인을 대상으로 하는 공원에는 산책로와 장식적인 조경이 포함되는 것과 같다. 또한, 특정 활동을 지원하기 위해 라이딩 트레일과 같은 특정 기능이 포함될 수 있다.

공원 디자인은 누가 그것을 사용할 것인가에 따라 디자인이 결정될 수 있다. 보행자에게는 자전거나 말이 다니는 복합 용도에서 안전하지 않다고 느낄 수 있는 것과 같다. 다양한 조경과 인프라는 성별에 따른 어린이의 공원 이용률에도 영향을 미칠 수 있다. 공원은 도시 기반 시설의 중요한 일부이다. 신체 활동을 위해 가족과 지역 사회가 모여 사교 활동을 하거나 간단한 휴식을 취할 수 있다. 연구에 따르면 녹지 공간에서 야외 운동을 하는 사람들은 정신 건강에 더 큰 이점을 얻는 것으로 나타났다. 모든 연령, 능력 및 소득 수준에 맞는 활동을 제공하는 것은 대중의 신체적, 정신적 복지에 무척 중요하다는 의미이다. 도시에서 녹지는 꼭 필요한가 의문을 가질 수밖에 없다. 도시의 대지는 사유재산과 공공재산으로 나뉜다. 공원을 만들기 위해 필요한 대지의 규모는 상당히 방대하지만 공공의 이익을 위해 사유재산을 내놓으라고 강요할 수는 없다.

공원이 없는 도시는 문제가 있다. 도시가 세금을 걷고 이를 사용하는 것부터 문제는 시작된다. 세금은 공공의 이익을 위해 투자하는 것이기 때문이다. 도시에 도시민을 위한 공원은 곧 도시 정책의 시작이다. 대지를 통하여 이익을 얻어내는 것은 단지 숫자에 의한 것만 있는 것은 아니다. 도시민의 건강은 미래에 대한 투자이고 이는 도시의 건강에도 중요하다. 도시 정책에 있어 마스터 플랜을 세우고 도시 전 지역에서 접근 가능한 지역에 공원을 설치하여야 한다. 이는 살기 좋은 도시의 필수적 요소이기 때문이다. 그러나 공원을 설치할 때에는 반드시 그린벨트의 개념을 잊지 않아야 한다. 공원은 도시민을 위한 휴식공간이기도 하지만 자연을 위한 지속 가능한 지역으로 정착되어야 하기 때문이다. 공원이 조성되기 위한 요소는 그 기능에 따라 다를 수 있으나 공통적인 부분은 바로 자연이다. 그리고 도시가 인간의 영역이라면 공원은 식물과 동물을 위한 영역이 되어야 하며 그 영역에서 인간이 영역을 빌려 힐링하기 때문이다.

공원은 도시의 허파와 같으며 도시의 공원은 크기가 클수록 그 효과는 크다. 반대로 작은 공원은 여러 가지 면에서 그 효과가 적다. 그러므로 도시의 공원은 충분한 면적을 갖추어야 한다. 시각적인 면과 도시 공기의 정화를 위해 가능한 면적이 확보되어야 한다. 특히 공원의 중심까지 주변 도시의 소음이 전달되지 않을 만큼의 거리를 확보해야 도시 힐링의 영역으로 가능하다.

내가 건축가라면 도시에 공원의 위치를 먼저 설정할 것이다. 도시건축에서 공원의 면적을 따로 떼어 놓지 않으면 후에 이 영역을 만드는 데 충분한 기능을 부여할 수 없기 때문이다. 대부분의 공공기관은 기능적인 부분에 강하다. 그래서 예산을 책정할 때 이 부분에 중점을 둔다. 그러나 이러한 정책은 후에 예산 부족을 겪게 되거나 충분한 기능을 제공하지 못할 수 있다. 건축가는 예상되는 부분을 사전에 분석하는 능력이 있으며, 그러한 분석 결과를 작업에 적용하고자 한다. 그래서 공공기관은 계획과 예산 외의 작업에 관여하지 않고 전문가에게 모든 것을 일임하는 것이 좋을 것이다.

공원은 도시에서 특별한 의미를 갖는다. 건강한 도시는 도시민을 건강하게 만들며 건강한 도시에는 건강한 영역이 있다. 그중의 하나가 바로 공원이라는 점을 잊지 말아야 한다.

도시 내 조성된 공원 / 자연 속의 국립공원

도시의 수많은 아파트, 획일적인 디자인

아파트의 역사는 다른 주거 형태에 비하여 길지 않다. 그러나 우리나라의 경우 아파트의 영향력은 주거문화에 엄청난 영향을 미치고 있다. 일반인들의 가장 많은 질문은 아파트의 형태가 왜 유사한지 묻는 것이다. 여기에는 다양한 이유가 있지만 그중 하나를 꼽으라면 아마도 공사비와 연관이 있을 것이다. 형태에 변화를 준다면 도면과 구조가 달라질 것이고 이는 설계비와 공사비를 높일 것이며, 이는 곧 아파트 가격에 영향을 끼칠 것이다.

초기 아파트는 주택 문제 해결에서 시작되었다. 유럽의 다른 도시 또한 마찬가지지만 파리도 이에 대한 해결책이 필요했다. 산업혁명 이후 도시로 몰려드는 인구를 위한 해결책으로 다양한 주택문제 해결책을 내놓았는데 1920년 파리에서 활동하던 르코르뷔지에도 300만을 위한 빛의 도시에 아파트를 등장시켰다.

에스프리 누보(Esprit Nouveau) 파빌리온에 전시된 파리 재건을 위한 부아쟁 계획(Plan Voisin) 아파트 모델을 살펴보자. 그는 이 아파트 설계를 위해 센 강 북쪽의 넓은 지역을 철거하고 좁은 거리, 기념물, 주택을 직각 거리 격자와 공원과 같은 녹지 공간 내에 배치된 거대한 60층짜리 십자형 타워로 교체할 것을 제안한다. 그의 계획은 중세의 건축물로 가득한 파리의 건물을 모두 철거하고 아파트 단지를 세우자는 것으로 이에 프랑스 정치인과 산업가들로부터 비판과 경멸을 받는다. 그래서 이 계획은 실현되지 못하고 철저하게 외면당한다. 그러나 몰려드는 노동자 계층 지역을 어떻게 처리할 것인지에 대한 논의가 지속되고 이에 사회 문제화되면서 30년이 지난 1950년대와 1960년대에 파리 교외에 건설된 주택 개발에 부분적으로 실현하게 된다.

콘크리트에 관심이 많았던 르코르뷔지에가 노출 콘크리트 공법을 시도

파리 재건을 위한 부아쟁 계획 아파트 모델 / 시민 아파트, 시영 아파트 그리고 시범 아파트 구분(* 이미지 출처: 머니투데이)

했는데 아름다운 중세적 건축물만 보던 파리 사람들에게 이 브루탈리즘 건축물은 관심을 받지 못한다. 당시 모던이 강세를 보이고 여기에 니체가 〈차라투스트라는 이렇게 말했다〉라는 소설을 통해 '파리를 다 불태워 버리고 싶다'고 서술한 구절이 파리 사람들에게 거부감을 주는 상태였는데 이에 르코르뷔지에는 아돌프 로스의 '장식은 범죄다'라는 말에 절대적으로 동의했다. 이는 파리 사람들의 생각에 반하는 것이었다.

과거의 도시를 유지하려는 유럽에서는 관심을 받지 못한 반면 오히려 중남미권과 중국, 그리고 우리나라는 그의 영향을 많이 받은 국가에 속했다. 특히 우리나라는 그가 제시한 대로 국토 면적과 인구비례라는 좋은 명분을 내세워 지금도 주거문제 해결 방법으로 아파트 건립을 진행 중이다.

아파트는 5층 이상의 주택 건물을 칭한다. 4층 이하 그리고 660제곱미터 이상은 연립주택이라고 부른다. 우리나라 아파트의 시작은 주거가 아닌 호텔에서 시작했다. 아파트의 평면 자체가 우리 방식이 아니었기 때문에 이에 대한 정보가 필요했는데 서구식 건축물로 당시에 서울역과 연계하여 들어선 최초의 호텔이 바로 독일 건축가 게오르그 데 라란데가 설계한 4층 규모의 조선호텔이다. 이 호텔에는 우리에게 생소한 공간들이 등장했는데 응접실, 다이닝룸, 그랜드볼룸, 커피숍, 연회장, VIP룸, 당구장, 도서관 그리고 52개의 객실이 있었다. 당시 이 호텔에 매니저로 근무했던 정해직이라는 사람은 한국 전쟁 동안 일본에 피신해 있다가 귀국 후 최초의 아파트인 종암아파트 계획과 건설에 직접 참여했는데 조선호텔에서의 경험이 영향을 준 것이다.

아파트의 종류는 크게 세 가지로 나눌 수 있다. 철거민을 대상으로 한 시민 아파트, 도시 정비 사업을 위한 시영 아파트, 그리고 민간 건설기업의 일반 분양 아파트인 시범 아파트이다. 시민 아파트는 와우아파트 이후 거의 남아있지 않다. 현재 대부분의 아파트는 시범 아파트 형태로 사유지에 분양된 아파트가 대부분이고 가끔 국공유지에 지어진 아파트도 있다. 지금과 유사하다고 본다면 종암아파트가 그 시초이다. 그러나 우리 아파트의 본격적인 시작은 박정희 시대 김현옥 서울시장의 주도로 청계천 철거민을 대상으로 한 시민 아파트에서 시작되었다. 와우아파트 붕괴로 회현시민아파트가 마지막이었다. 아마도 아파트의 시작이 시민 아파트가 아니었다면 아파트의 디자인도 다양하게 시도되었을지 모른다. 그러나 다른 나라와 다르게 아파트의 시작이 우리 경우에는 많이 달랐다. 그리고 이에 뚜렷한 목적이 없었던 정부는 대부분의 주거정책을 세웠지만 실질적으로 건설사가 주도했기에 아파트의 디자인보다는 그들의 목적이 담긴 용도로 전국적으로 유사한 형태가 등장하게 된 것이다. 2019년도 3월 12일 중앙일보 기사에 서울시에서 '성냥갑 아파트에서 탈피해 가우디 건축물처럼 만들겠다'는 내용이 게재되었다. 좋은 의도이긴 하지만 이 또한 옳지 않은 일이었다. 규정 자체를 없애야 하는 문제였다.

이제는 아파트 자체의 문제만이 아니다. 바로 인구 감소 문제다. 이는 거대한 단지를 형성하고 전국적으로 퍼져 있는 아파트들이 수용할 인구가 줄어든다는 것이다. 밀려오는 인구에 의한 주거 문제를 해결하기 위하여 시작된 아파트의 등장이 이제 미래에는 아파트를 채울 수 있는 인구 문제에 고개를 돌려야 한다. 아파트가 늘어나고 있지만 아파트와 마당에 대한 두 경험을 가진 노령층들은 고령 사회에 접어들면서 이들은 점차 노후에 아파트만 고집하지 않는다. 경제적인 여유만 된다면 요양원에 입소하거나 전원주택을 선택하는 사람들이 늘어나고 있다. 이것이 아파트 단지에 대한 위험 요소로 미래에 등장할 것이다.

1972년 7월 15일 미주리주 세인트루이스에서 발생한 프루이트 이고 사건은 충격적이었다. 모던의 대표 건축물인 아파트를 어쩔 수 없이 파괴해야 했던 사건은 우리처럼 아파트로 가득한 시대에 깊이 생각해 보아야 할 과제다. 세상에 지속되는 것은 없다. 포스트모던 건축가들은 이날을 모던의 사망일로 삼았다. 이는 텅텅 빈 아파트가 사회 문제로 떠오르자 시에서 결정한 최선의 방법이었다. 이렇게 인구가 급감하는 우리 사회에 지방부터 비워지는 아파트를 볼 때 이 사건이 우리와 먼 이야기라는 근거는 없다.

이제 우리에게 아파트는 충분하다. 단지 주거 문제를 해결하려는 의도라고 보기에 인구 급감이 불러온 사회 현상은 새로운 아파트 정책을 내놓아야 할 시기라는 것을 일깨운다. 내가 건축가라면 아파트의 질을 높일 것이다. 디자인은 물론 대지와의 거리를 줄이고 무엇보다 아파트를 위한 아파트가 아닌 마당을 아파트로 유입하는 등 전원주택과의 차이를 좁히는 데 힘쓸 것이다. 특히 나이가 들수록 대인관계는 중요한 부분이다. 이웃과의 관계를 긍정적으로 끌어들이는 방법도 미래의 아파트가 해야 할 일이 될 것이다. 내부와 외부의 완벽한 분리를 무너뜨리고 중간 개념 공간 즉 처마 및 공간을 도입하는 방법도 필요하다. 봄과 가을이 필요한 준 내부 공간을 아파트에 도입해야 한다.

프랑스 파리 근처에 위치한
원형 아파트

　지금의 아파트는 단지 주거만을 위한 형식으로 초기 도시로 몰려드는 노동자를 위한 주거 해결책이었다. 이제 우리의 아파트도 변해야 한다. 주택문제 해결이라는 명목하에 건설사의 돈을 버는 수단으로 존재했던 것이 사실이다. 아파트를 선택하는 사람들에게도 다른 방법이 없기에 이를 선택한 것이지 최선은 아니었을 것이다. 특히 국가기관에서 건설하는 아파트는 디자인에 더욱 신경 썼어야 했다. 민간 기업보다 저렴한 아파트 제공이라는 명분으로는 무언가 부족해 보인다. 이러한 관행이 민간 기업에게도 디자인을 크게 신경 쓰지 않는 요인으로 작용했을 것이다. 민간 기업이 함부로 시도하지 못하는 것을 국가기관이 시도해야 한다.

　프랑스 파리 근처에 위치한 누와지르 그랑에 가면 한눈에 들어오는 아파트가 있다. 이는 1984년에 준공된 것으로 프랑스에서 활동하는 스페인 건축가의 작품이다. 직경 50미터의 거대한 콘크리트로 된 조립식 아파트이다. 이 건축물의 디자인은 뛰어나기도 하지만 기존의 아파트 형태를 벗어나 이러한 형태를 시도했다는 것이 놀라울 뿐이다.

2016년 폴란드 바르샤바에 세워진 유럽에서 가장 높은 아파트 '즈워타 44'는 건축가 다니엘 리베스킨트가 설계한 아파트로 52층의 거대한 규모를 자랑한다. 이 건축물의 규모를 논하려는 것은 아니다. 우리의 아파트와 비교했을 때 이같이 다양한 디자인의 아파트가 아쉬운 것이다. 아파트가 반드시 아파트처럼 보여야 하는 것은 아니지만 우리에게 아파트의 형태에 대한 인식은 대부분 고착되어 있다. 이 원인은 어디에 있을까? 우리에게 아파트를 멋지게 디자인을 할 만한 능력이 없는가? 결코 그렇지 않다. 물론 멋진 디자인을 입히는 데 비용의 차이가 발생하겠지만 이는 아주 비겁한 변명이다. 건축물은 도시의 모습에 영향을 주고 그것을 보며 자라는 세대에게는 감성적인 영향을 미친다. 내가 건축가라면 미술가가 캔버스에 다양한 그림을 그리듯 도시를 캔버스 삼아 다양한 건축물로 채우기 위해 노력할 것이다.

폴란드 바르샤바에 위치한 '즈워타44' / 뉴욕 맨해튼 트리비카의 고층 아파트

3. 선입견을 깨면 환경이 달라진다   169

뉴욕 맨해튼 트리비카 도시에 있는 250미터의 57층 고층 아파트는 145세대가 입주해 있다. 이 아파트는 2001년에 프리츠커 상을 받은 스위스 건축가 헤어초크 설계사무소가 설계한 것이다. 7개월 만에 92퍼센트가 매각될 정도의 인기 아파트이지만 그만큼 고가이다. 이 아파트에서 가장 비싼 아파트는 한화로 약 400억 원에서 570억 원 정도에 달한다. 우리나라에서 가장 비싼 아파트는 청담동 호텔 엘루이 부지에 지어진 더 펜트하우스(PH129)로 2021년 164억 원으로 산정됐다. PH129는 지상 6층 규모이고 29세대가 입주해 있다. 일단 내부적인 공간의 성격은 둘째치고 청담 아파트와 다른 점은 아파트의 디자인이다. 젠가라는 보드게임을 연상시켜 젠가 타워라 부르기도 하는데 각 세대에 전용 야외 공간이 있는 것이 특징이다. 이 지역의 어느 건물보다 눈에 띄는 디자인을 갖추었는데 우리가 이러한 디자인을 갖지 못한 이유를 대며 정당화하기보다는 어떻게 하면 이러한 디자인이 우리 곁에 있을 수 있는지를 논해야 한다.

도시를 채우는 요소 중 가장 큰 부분을 차지하는 것은 건축물의 형태이다. 많은 것은 없는 것과 같다. 동일한 형태의 반복은 오히려 없는 것처럼 인식될 수 있거나 인식을 포기하게 한다. 이런 현상이 일어나서는 안 된다. 다양한 형태의 시도는 미래 세대에게 다양한 상상력을 키워준다. 다양함의 존재는 그 형태를 디자인하는 사람들에게 있는 것이 아니라 그것을 선택하는 사람들에게 있다.

골목에 담긴
우리들의 추억

골목은 주변에 건물이 들어서면서 자연스럽게 형성된다. 그런 면에서 골목은 수동적인 영역이다. 이는 유럽에서는 보기 힘든 현상이다. 유럽 대부분의 주택가는 과거에 형성된 것으로 마차가 다녀야 했기에 그것이 도로의 기초가 되었다. 그래서 일부 경사지나 마차가 다니기 힘든 지역에 골목이 형성되지만 이는 일반적인 현상은 아니다. 하지만 동양에서는 골목을 흔하게 볼 수 있다. 골목은 대체적으로 자동차가 다니기 힘든 도로를 말한다.

유럽은 과거의 건축물이 많고 신도시의 경우 과거 도시 건축을 바탕으로 측량하여 개발되었기에 골목이 형성되지 않는다. 그러나 동양은 초기에 도시 개발이 계획적이지 않고 인구 이동에 따라 자연적으로 만들어진 탓에 계획적으로 주택가가 형성되기보다 자연 발생적으로 만들어져 도로에 대한 개념이 반영되지 않았기에 좁은 골목이 많다.

주택가의 좁은 골목들

 골목은 국민성(國民性)에도 영향을 주었다. 좁은 골목이 많은 동양은 이웃 간의 관계가 돈독하다. 이는 의도적인 것이 아니라 골목의 영향으로 생겨난 자연스러운 현상 중 하나다. 그래서 동양은 이웃 간의 커뮤니티가 자연스럽게 형성된 반면 서양은 조직적으로 형성된 것이다. 이렇게 좁은 골목은 이웃 간의 관계에 긍정적인 영향을 주기도 했지만 사실 여러 가지 문제를 안고 있기도 하다. 그중에 큰 부분이 화재에 취약하다는 것이다. 주택들이 근접해 있기에 화재 시 이웃으로 번질 위험이 크기 때문이다.

 유럽도 오랜 역사 속에서 마을이 형성되었기에 옛날 마을에는 골목길이 많이 남아 있다. 그러나 대부분 석재 건물이기 때문에 목재가 많은 동양보다는 취약점이 적다. 유럽은 일찌기 도시 개발에 노력을 기울였는데 특이한 지형을 제외하고는 마차 한 대 정도는 지날 수 있는 골목이 많아 일방통행이기는 해도 자동차가 지나다닐 수 있는 골목이 많이 있다. 미국은 유럽의 도시 정책을 이미 경험했고 광활한 대지의 이점에 맞추었으며 기술자들로 이뤄진 개신교들의 이주가 많아서 일찌감치 골목의 형태가 아시아나 유럽과는 많은 차이가 있다.

요즘처럼 아파트가 강세인 시기에는 골목에서 자란 세대와는 다른 어린 시절의 추억을 가지고 있다. 골목 세대가 있는 반면 아파트 세대에게는 단지에 대한 추억이 대부분이다. 골목 세대는 방과 후 모이는 지역이 골목이었다. 골목에서 자동으로 모임이 결성되고 다양한 놀이가 행해졌다. 그러나 아파트 세대는 놀이터가 주가 되면서 아이들의 놀이보다는 부모와 놀았던 추억이 많다. 그래서 과거에는 이웃사촌이라는 단어에 익숙하지만 아파트 세대에는 학창시절 친구들이 대부분이다.

골목 상권이라는 말이 있다. 동네 구멍가게가 골목의 상권을 담당했던 시기에 생겨난 이름이다. 구멍가게는 단지 가게 이상의 장소였다. 이웃들 간의 소식을 알 수 있는 곳이었고 아이들의 집합 장소이기도 했다. 이는 자동차를 타고 물건을 사러 가야 하는 서양과는 다른 차원이다. 때로 외상 거래가 가능했고 아이들의 힘든 상황을 이해해 주는 곳이기도 했다. 이는 우리 골목 구멍가게의 특징이었다. 현재는 대부분 편의점이 이 자리를 차지하고 있고 이웃 간의 이야기는 사라졌다.

골목이 좁기에 주변 주택가는 더 높아 보였다. 대부분 도시 정비의 대상이 되는 곳은 이렇게 좁은 골목이 있는 달동네다. 좁은 골목이 많은 지역이 많은 문제를 안고 있다고 보기 때문이다. 과거에는 대부분의 주택이 개방적이었기에 골목에서 일어나는 일을 잘 알 수 있었지만 지금은 그렇지 않다. 인적이 드문 지역으로 인식되어 위험을 안고 있다고 생각하기도 한다. 그러나 그렇지 않은 좁은 골목 동네도 많다. 이러한 문제점을 해결하기 위해 골목을 밝은 분위기로 단장하고 대문을 걸어 잠근 주택보다는 늘 인적이 끊이지 않는 환경으로 바꾸려 하는 골목이 생겨나고 있다. 즉 밤에 주택가 골목은 인적이 드물지만 상가로 가득한 골목은 인적이 끊이지 않으니 일어나는 범죄도 줄어들 것이다. 골목을 변화시키는 방법 중 가장 좋은 것은 담벼락을 허무는 것이다. 그렇지 않다면 담장을 옛날의 시골집들처럼 낮은 높이로 만들어 시야가 확보되면 심리적으로 골목이 더 넓게 보일 것이다. 물론 이는 골목을 싸고 있는 주택들의 동의를 얻어야 가능한 일이다.

종로구 익선동만 해도 그렇다. 주택들만 있는 골목에 비하여 이 동네는 주택들을 개조하여 가게로 변형한 곳이 많다. 점차 골목이 사라져 가는 추세에 이 골목은 오히려 거대한 아파트와는 다른 규모의 느낌을 전달한다. 주택의 높이가 부담스럽지 않기에 폐쇄적인 느낌이 없으며 오히려 얼기설기 늘어진 전선이 정감을 느끼게 한다. 불광동 골목길도 옛 정취를 느끼게 하는 곳이 많다.

서울시는 골목길 살리기 운동을 계획하고 있다. 이는 긍정적인 소식이다. 도시 계획에 문제가 된다는 이유로 제거하고 새로운 것을 만들려는 계획은 결코 좋은 시도가 아니다. 모든 상황은 모든 가능성을 갖고 있다

종로구 익선동 골목

는 말처럼 골목은 많은 가능성을 갖고 있는 콘텐츠이다. 어떤 경우라도 한 시대의 모습으로 결정할 수 없다. 다음 세대에는 과거, 현재의 모습과 미래를 예측하여 계획하에 제공해야 한다. 판단은 다음 세대가 결정하는 것이다. 이것이 지금 세대가 할 일이다.

골목은 그 도시의 가장 토속적 모습이다. 도시 발전을 위하여 개발할 수 있으나 전체적인 틀을 바꾸는 것보다 특성을 유지하는 상황에서 개발해야 한다. 모든 도시에는 다양한 모습이 있고 이것이 다른 환경에서 자란 사람들에게는 유용한 자료가 되기 때문이다. 첫 번째로 요구되는 것은 골목의 밝은 환경이다. 골목은 대체적으로 어둡기 때문이다. 골목을 밝게 하는 방법 중 하나는 바로 골목 주변의 건축물의 표면을 밝은색으로 바꾸는 것이다. 여기에는 재료 또는 표면의 색이 적용될 수 있다. 그러나 색은 지속되지 못하며 후에 관리 차원에서 문제가 발생할 수 있다. 그러므로 표면 재료를 밝은 계통으로 투자하고 가능하면 동일한 전체 디자인을 적용하는 것이 좋다. 많은 것은 없는 것과 같지만 모두 다른 디자인으로 적용하면 오히려 혼란스러움을 유발할 수 있기 때문이다. 그러므로 동일할 필요는 없지만 같은 계통으로 공통점을 주어 디자인한다면 오히려 통일감으로 정리된 모습을 볼 수 있다. 즉 그 골목의 메인 컬러를 정하여 그 틀 안에서 진행하는 방법이다. 심리적인 환경이 우선이기 때문이다. 그리고 그곳에 거주하는 사람들이 불편함을 겪지 않고 기존의 환경을 유지할 수 있도록 시대적인 기술을 접목하는 것이다.

내가 건축가라면 골목 환경을 유지하는 데 필요한 부분을 지자체가 지원하도록 요구할 것이다. 그렇다면 골목에 거주하는 주민들이 스스로 환경 개선을 위한 일에 자발적으로 참여하게 될 것이다. 또한, 벽화 같은 일시적인 지원이 아니라 그 골목이 갖고 있는 문제점 해결에 장기적인 계획을 세울 것이다. 먼저 그 지역의 사람들이 불편함을 느끼지 않아야 골목이 유지될 수 있다. 점차 지역민이 떠나고 빈집이 발생한다면 이것은 큰 문제로 떠오를 것이다. 지역민 스스로 그 지역의 문제를 해결하게 돕는 것이 중요하다.

불쾌한 환경은 불안감을 초래한다. 전체적으로 구역을 명확하게 정비하고 깔끔한 환경은 불안감 해소에 많은 도움이 된다. 골목이 사라지면 이웃도 사라진다는 것을 기억해야 한다. 이웃이 곧 지역 문화이기 때문이다.

지하철역 입구는
어떤 기능을 할까?

　지하철역 입구는 지상에서 지하로 그리고 지하에서 지상으로 연결된 곳으로, 지하상가가 있는 지하철역도 있지만 기본적으로 지하철을 타기 위한 곳이다. 이것이 지하철 입구의 기능이다. 기능은 아주 중요하다. 기능이 제대로 작동하지 않으면 문제가 발생한다. 그런데 기능의 범위는 어디까지인가? 입구는 내부와 외부를 연결해주는 것이 기능을 한다. 그것은 기본적인 기능이다. 그러나 어느 것이든 단순하게 기본적인 기능만 있는 것은 아니다. 때로 다른 기능도 있다.

　기능을 설명하기 위하여 다른 예를 들어 보기로 한다. 대지와 초목과 물은 자연의 요소이다. 이들은 각자의 위치에서 존재의 존엄성을 지키고 있다. 이들이 모여서 3차원 환경이 되는 것이다. 콘크리트는 치장하지 않고 수평으로 퍼져 있으며 물질을 엮는 유리는 비물질화되어 연결되고 있고 굴뚝은 자연석을 재료로 표면의 거칠함이 자연의 성격을 그대로 갖고 있다. 이것이 이들의 형태적 기능이다.

건축 설계 작업에 들어가기 전에 우리는 어떠한 건축물을 설계할 것인가 먼저 결정해야 한다. 예를 들어 주택, 병원, 학교, 백화점 등 특수한 목적을 갖는 건축물에 대한 설정을 제일 먼저 해야 하는 것이다. 이러한 설정이 완료되면 그 목적에 합당한 자료와 공간에 대한 정보를 얻을 것이다. 그리고 이러한 작업이 완료되면 어떠한 구조물로 건축물을 구성할 것인가 결정해야 한다. 만일 이러한 작업이 먼저 수반되지 않고 건축물에 대한 설계를 한다면 나중에 많은 문제를 갖게 될 것이 자명하다. 이후에 우리는 스케치와 계획 설계 그리고 기본 설계를 시작하게 된다.

여기서 짚고 넘어가야 할 것이 있다. 루이스 칸이 언급한 형태와 디자인의 경계를 명확히 하자는 것이다. 그의 이론에 따르면 형태는 곧 기본적인 기능을 의미하고 디자인은 그 형태를 구별 짓고 돋보이게 하는 행위이다. 과거에 많은 건축가들이 기능주의(형태는 기능을 따른다) 또는 형태주의를 (기능은 형태를 따른다) 놓고 논쟁을 벌였다. 여기에서 의미하는 기능은 고유의 기능을 충족시키는 것을 말한다.

경북 구미시 공단 지하철 입구(경북문화신문) / 중국 선전 지하철 9호선 루단촌역 D번 출구

이 고유의 기능을(형태) 우선적으로 정하든, 디자인을 먼저 정하고 형태에 대한 결정을 내리든 사실 상관이 없다. 단지 설계에 있어서 이러한 요소가 반드시 먼저 결정되어야 한다는 것이다. 루이스 칸은 '형태는 비개인적이며, 디자인에서 발생하는 사용 가능한 경제, 장소와 고객과 지식 등과 같은 상황적 행위와는 무관하다'고 했다. 또한 형태는 사람이 어떤 활동을 하기에 좋은 공간들의 조화를 보여준다고 설명했다.

형태는 각 건물이 갖고 있는 공통적인 요소이며 인위적으로 발생하는 것이 아니고 필수적인 것이다. 이러한 그의 논리에 비추어 볼 때 건축 형태는 곧 건축물이 갖고 있는 각 요소의 조화이다. 그렇다면 개인적이지 않으면서 건축물에서 발생하는 상황에 무관한 필수적인 요소는 무엇인가 생각해 보아야 한다.

다음의 글은 루이스 칸의 어록을 담은 〈깨달음과 형태(Realization and Form)〉라는 저서에서 발췌한 내용이다. 학생들에게 구조도면을 먼저 그리도록 한다. 그다음 건물 외관을 어떻게 구성할 것인지를 표현하는 도면을 그리도록 한다. 건물은 단일체가 아니므로 모든 장비, 자재 등이 건물과 조화를 이루어야 한다. 그중 하나는 기술적인 측면도 포함되며 그러한 분야에 대한 지식을 도면으로 표현할 수 있어야 한다. 그러나 일부는 도면으로 표현하기 어려운 것들이 있다. 나는 이러한 것에 가장 관심이 많다. 오늘날 건물의 특징이 무엇인지 발견하려는 모든 책임을 타인에게, 즉 전문인이 아닌 사람들에게 전가하려고 한다. 공간의 본질은 우리가 알 수 없는 것이다. 나는 오늘날 거장들이 우리를 위해 어떤 건축을 '시작'했는지 알기 위해 건축가들에 대한 공부가 필요하다고 생각한다. 그들이 건물을 완성하기 위해 어떤 과정을 거쳤는지 알아야 한다는 의미이다. 특히 엔지니어의 잠재력을 느끼기 위해서는 전체를 볼 수 있는 시각을 가져야 한다. 그다음에야 비로소 건축이라는 건물에 어울리는 피아노곡을 연주할 수 있을 것이다.

루이스 칸은 건물이 단일체가 아닌 여러 요소가 조화를 이루어 만들어진 하나의 형태라고 말했다. 여기에서 여러 요소란 건축물을 완성하기 위하여 필요한 모든 부분을 말하는데 루이스 칸은 디자인의 부분을 제외한 것이 분명하다. 특히 위의 인용문에서 엔지니어의 잠재력을 논하면서 건물 전체를 볼 수 있는 시각을 언급했는데 이것이 건축을 설계하는 사람이 갖추어야 할 자세이다. 그러면 어떻게 전체를 볼 수 있는 시각을 갖출 수 있는가 생각해 보자.

우리가 한 건축물을 바라보면 먼저 내 마음에 드는지, 또는 멋있는지 개인적인 느낌을 갖게 된다. 그런데 그 느낌이라는 것은 다분히 개인적이기 때문에 설득력이 적다. 그러나 만일 그 형태의 구성 원리나 구조적인 면을 이해하고 있다면 그 건축물은 관찰자에게 훨씬 가깝게 다가설 것이다. 예를 들어 골격적 형태의 건축물을 보면 많은 건축가가 힘을 느낀다고 한다. 이는 그 구조가 어떻게 작용하는가를 알기 때문이다.

우리에게 디자인이란 무엇인가? 라이트는 '디자인을 가르치려 하지 말고, 그 원리들을 가르치라'고 했다. 디자인은 다분히 개인적이기 때문에 이를 가르친다는 것은 무리다. 이는 개인의 능력이나 감각이 다르고 각 건물의 형태에 따라 그 디자인의 성격이 다르게 나타나기 때문이다.

한 교수가 학생에게 "이곳을 멋있게 바꿔봐!"라고 지시하는 것을 들은 적이 있다. 이것이 얼마나 어려운 말인가. 누구나 멋있게 하고 싶은 욕구가 있다. 그러나 멋있다는 단어의 범위가 한정되어 있지 않고 이는 루이스 칸의 말처럼 개인적이고 상황에 좌우되는 것이기에 그 학생은 점점 더 딜레마에 빠지게 될 것이다. 그 학생은 자신의 수준에서 최고의 디자인을 한 것이 분명하기 때문이다.

"이곳의 창문을 넓힌다면 5m 공간에 충분한 빛을 제공하고 계단이 차지하는 공간이 너무 많으므로 원형계단으로 바꾼다면 공간 확보도 될 것이다"라고 말한다면 학생은 창문이 넓은 공간을 이해할 것이고 왜 원형계단이 있는지를 알게 될 것이다. 디자인은 우선 디자인을 할 대상이 존재해야 하며 그 대상은 기본적인 형태를 갖추어야 한다. 여기서 기본적인 형태는 원리이며 원리는 곧 구조적인 문제와 연결될 수도 있다.

훌륭한 건축물도 훌륭하지 않은 건축물도 없다. 단지 훌륭한 원리나 미숙한 원리가 그 건축물에 들어 있을 뿐이며, 남의 건축물을 옮긴 것보다는 미숙하지만 자신의 철학이 담긴 건축물이 더 훌륭하다. 루이스 칸은 '건축은 깨달음'이라고 표현했다. 여기서 깨달음의 의미는 곧 우리가 응용할 수 있는 원리를 형태에서 읽을 수 있음을 말한다. 석가가 꽃을 들고 제자들에게 무엇이 보이냐고 물었다. 이 설교는 우리에게 많은 것을 생각하게 한다. 석가가 들었던 꽃이 우리에게는 건축물이 될 수도 있고 또는 수없이 삶 속에 마주치는 사물일 수도 있다. 그러나 석가가 물은 것은 우리가 보는 외형적인 것이 아니라 곧 그 형태 속에 감추어진 형태언어로서 그것은 보는 이의 경험과 지식 그리고 심리적인 상태에 따라서 얼마든지 다르게 보일 수 있다. 한 번 보인 그 형태 언어는 지속적으로 보

뉴욕의 한 지하철 입구

이게 된다. 이를 다르게 말하면 인식하다, 또는 지각하다는 말로 바꿀 수 있다. 그리스어에 어원을 둔 '미'라는 의미가 바로 지각하다, 또는 인식한다는 뜻이다. 곧 형태에서 우리가 지각하는 그 언어가 바로 그 형태의 미가 되는 것이다. 일반적으로 아름답다는 의미와 미라는 의미가 혼동해서 쓰일 수도 있는데 사실은 차이가 있다. 아름답다는 것은 외형에서 오는 이미지이고 미라는 것은 내적인 의미도 포함해서 써야 타당하다.

우리의 도시에는 다양한 요소들로 채워져 있다. 그중 하나가 지하철역 입구다. 그 많은 입구 형태를 기억하는 사람은 얼마나 될까? 이를 기억하지 못한다는 의미는 곧 인식하지 못하거나 지각하지 못한다는 것이다. 그 역이 갖고 있는 형태적 의미 또는 그 영역에서 그 형태가 갖고 있는 기능적 미를 담는다면 사람들은 그 역을 기억할 것이다. 지하철역의 입구는 입구로서의 기능과 도시 형태 요소로서의 기능을 가진다. 그런데 단순히 입구로서 기능만 주어진다면 이는 그 기능을 다하지 못한 것이다.

디자인은 곧 비용을 필요로 한다. 그러나 경제적 가치는 투자만 있는 것이 아니고 수익도 있다.
기억되는 형태는 수익의 원리로 작용할 수도 있다. 이것이 우리가 디자인을 하는 이유이다.
다양한 디자인이 필요한 이유는 미래 세대에 대한 다양한 상상력에 대한 투자이다

구조물이 어떤 형태이든 주변 환경에 영향을 준다는 것을 기억해야 한다.

뉴욕의 대부분 지하철 입구는 디자인을 감안했다고 보기 어렵다. 그러나 어느 지하철 입구를 보고는 미니멀리즘적 디자인을 감안했다는 느낌을 받았다. 이 형태에 대한 판단보다는 다른 입구와 차별화를 두었다는데 초점을 맞추려 한다. 환경은 디자인에 큰 영향을 준다. 다른 환경은 다른 형태를 요구한다. 루이스 칸의 말처럼 기억되는 것이 곧 그 형태의 미가 될 수 있다.

독일 프랑크푸르트 괴테 대학의 지하철역 입구에는 전차가 땅속에 박혀버린 조형물을 설치했다. 사람들은 이 지하철역에 들어가지 않아도 이

독일 프랑크푸르트 괴테 대학 지하철역

조형물을 쳐다볼 것이다. 이 설계자는 기존의 지하철역 입구와는 다른 이미지, 즉 기억되는 입구를 보여주고 싶었을 것이다. 사람들은 이 역을 기억할 것이고 그것이 곧 이 역의 미이다. 내가 건축가라면 이같이 기억되는 입구를 디자인할 것이다.

주유소의 형태는
왜 모두 비슷할까?

　주유소뿐 아니라 큰 기업은 홍보 차원에서 전국적으로 동일한 콘셉트로 매장을 꾸미는 것이 일반적이며 각 회사마다 갖추어진 매뉴얼에 맞추어 디자인한다. 또한 메인 컬러를 통해 회사를 홍보하기 때문에 대체적으로 일률적인 형태를 취하고 있다. 이것이 회사를 위한 홍보 역할을 하는 것은 분명하다. 하지만 형태가 아름답다면 분명 그 지역에도 긍정적인 역할을 할 것이다. 그러나 너무 기능에 맞춰져 있는 게 아닌가 한다.

　학생에는 세 가지 타입이 있다. 알아서 주도적으로 나가는 학생, 보아야 아는 학생 그리고 봐도 모르는 학생이다. 여기서 위험한 것은 보아야 아는 학생이다. 알아서 주도적으로 나가는 학생은 실패를 해도 그곳에서 교훈을 얻는다. 그러나 보아야 아는 학생은 자신이 무엇을 실패했는지 잘 모른다. 주도적으로 나가는 학생이 어떤 재료를 선택하면 보아야 하는 학생은 따라하는 성향이 강하다. 그래서 사실 가장 위험한 학생은 주

우리나라의 주유소 건물

도적으로 나가는 학생이 실패했을 경우이다. 이 학생이 실패하면 따라하는 학생 또한 실패하기 때문이다.

주유소는 대체적으로 지붕 구조로 설계되어 있다. 어느 나라가 주유소 지붕 구조를 처음 시작했는지 알기는 어렵다. 그러나 전 세계적으로 유사한 형태를 취하고 있다는 것이다. 물론 경제성과 안전성 부분에서 타당했기에 이 구조가 선택되었을 수 있다. 그러나 일괄적인 형태라는 것이 너무 의문이다. 만일 초기에 주유소에 지붕 구조를 선택한 나라가 지역마다 다른 형태를 취했다면 어땠을까 하는 생각이 든다. 그렇다면 전 세계가 통일된 구조가 아닌 각자 다른 형태를 갖게 되지 않았을까 생각해 본다.

전문가에는 네 가지 종류가 있다. 첫 번째는 경험만 있는 전문가다. 이들은 고집쟁이로 자신의 경험을 바탕으로 늘 밀고 나가려는 경향이 크

위) 미국 로스엔젤레스의 영국 정유사 BP가 만든 주유소 '헬리오스 하우스' / 미국 오클라호마 주 아케디아에 위치한 네온 소다병 조형물
아래) 다양한 디자인을 시도한 주유소(미드저니)

3. 선입견을 깨면 환경이 달라진다

다. 그다음 지식만 있는 전문가는 환상적이다. 실질적인 상황에서는 문제를 해결해 나갈 능력이 없다. 마지막으로 지식과 경험 둘 다 없는 전문가이다. 이들이 제일 위험하다. 이들은 윽박지르기만 한다. 이상적인 전문가는 두 가지 모두를 갖춘 경우이다. 이들은 되는 것과 안되는 것을 구분할 줄 알며 안되는 것을 되도록 노력한다.

오랜 세월 주유소의 형태는 일정함을 유지해오고 있다. 오랜 세월 대부분의 국가에 주유소 형태는 비슷하다. 앞의 세 가지 형태의 전문가들은 그래서 계속 이 형태를 고수하고 있는 것이다. 변화하지 못하는 것이다. 그러나 모두 같을 때 내가 다르면 홍보 효과는 배가 된다. 조사와 분석은 그대로 하려고 하는 것이 아니라 그 조사를 통하여 어떻게 다르게 할 수 있는가를 찾는 것이다.

형태의 흐름에는 모드와 대모드가 있다. 모드는 유행을 이끄는 집단이고 대모드는 이를 따라가는 집단이다. 기디온은 이를 일시적 사실과 구성적 사실이라 칭하기도 했다. 우리가 건축가를 공부하는 이유는 그들의 능력이 뛰어나서가 아니다. 그들이 작업을 할 때 어떤 과정을 거쳤으며 어떻게 문제를 해결해 나갔는지를 배우기 위한 것이다. 그리고 그들이 제시한 방법을 통하여 새로운 시도에 대한 가능성을 배우기 위함이다.

도시는 여러 요소들의 집합체이고 인간은 그 도시에서 여러 가지 영향을 받는다. 그래서 도시를 디자인하는 사람들은 궁극적으로 이 형태가 도시에서 어떤 역할을 하게 될지 예상해야 한다. 아름다운 도시에는 아름다운 것들이 있다. 여기서 아름다움의 기준은 단순한 형태만을 의미하는 것이 아니라 조화를 뜻한다. 훌륭한 전문가들이 있다는 것은 축복이

SITE라는 설계사무소에서 디자인한 BEST 체인점 건물

다. 훌륭한 전문가란 객관성을 띠어야 하고 미래 지향적이어야 하며 다가올 세대에 대한 배려가 있어야 한다.

도시는 농촌과 달리 낮과 밤이 다르다. 외곽보다는 훨씬 인위적이고 활동적이다. 낮에 보였던 요소들은 밤이 되면 사라지고 새로운 형태들이 등장한다. 주유소 또한 완전히 다른 요소로 등장한다. 그러므로 각 지역마다 특징을 갖추고 있다면 낮에 볼 수 없었던 풍경을 볼 수 있을 것이고, 이는 조명이 그 역할을 담당할 수 있을 것이다.

회사의 홍보와 빠른 인식을 위하여 획일적인 형태와 컬러를 사용한다는 발상은 구시대적 사고이다. BEST라는 기업은 회사의 홍보와 이미지를 위하여 일반적이지 않은 형태를 제안하였고 이에 SITE라는 설계사무소는 각 지역에 자리한 이 회사의 건물을 모두 다르게 디자인했다. 이것이 BEST가 선택한 매뉴얼이다.

기억시키는 방법은 다양하다. 획일적인 사고를 가진 사람들이 리더의 자리에 있으면 다양한 구성원들이 아이디어를 내는 것이 쉽지 않다. 지금까지 한국 사회는 한국 전쟁 후 안정된 삶을 영위하는 데 급급했다. 이

만큼 이룬 것은 기적이지만 이제는 바뀌어야 한다. 선진국 대열에 진입한 만큼 그 역량을 보여주어야 하는데 그 부분 중 하나가 독자적인 아이디어다. 새로운 아이디어는 값을 요구하나 그만큼의 결과 또한 가져다 줄 것이다.

 내가 건축가라면 하나의 작업을 통하여 얻는 자료를 참고 사항으로 차별화된 결과를 만들어 낼 것이다. 피터 아이젠만은 '건축은 표준성에 흡수되지 않고 저항하는 것이다. 흡수에 대한 저항이 바로 현재성이다'라고 했다. 또한 '역사에는 항상 두 가지 힘이 작용하고 있다. 그 한 가지는 유형을 전형화하고 표준화를 위하여 움직이는 정상화, 일반화의 힘이다. 또 다른 한 가지의 힘은 위반의 힘인데 표준화에 대항하는 방향으로 나가고 이를 바꾸려고 하는 것이다. 이 위반의 힘은 여러 번 반복되어 새로운 유형에 다시 흡수된다'고 했다. 다양한 것은 다양한 사고를 갖게 하는 힘이다. 우리는 다양성을 받아들여야 한다.

건축물의
다양한 형태

유럽에 가 보면 다양한 형태의 건축물을 볼 수 있다. 이는 오랜 건축 역사가 만들어 낸 형태이다. 동양에도 다양한 형태의 건축물이 있지만 현대의 형태에 영향을 주지 못했기에 서양 건축사가 더 알려진 것이다. 고대 이전 또는 원시 시대의 건축물도 찾아볼 수 있지만 남아 있는 것들의 대부분은 현대 건축 형태에 영향을 준 것들이다. 건축은 공학이다. 인간의 승리이기도 하다. 고딕 건축물의 경우는 인간의 한계를 볼 수 있는 기술과 미학의 집합체라고 할 수 있다. 이러한 다양한 형태의 건축물을 볼 수 있다는 것은 축복이다. 여기서 우리에게 이러한 다양한 형태의 건축물이 왜 필요한지 생각해 보아야 한다. 필요에 의하여 이들이 만들어진 것인지 아니면 필연적인 이유가 있는 것인지 알아보는 것도 중요하다.

건축물의 형태는 시대를 반영한다. 즉 그 시대가 요구하는 내용이 건축물의 형태에 담겨 있다는 것이다. 이는 시대적 요구가 건축 형태를 만

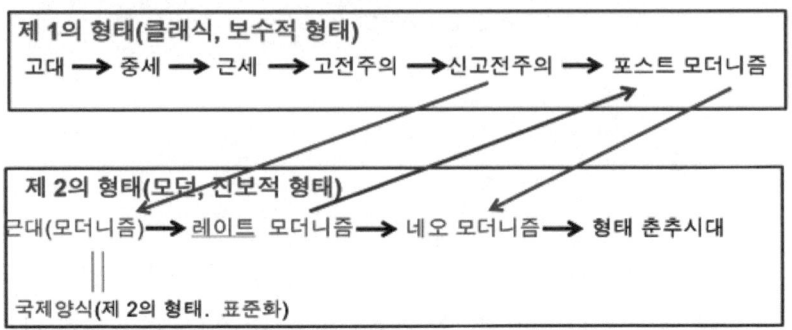

위) 다양한 클래식(제1의 형태) 건축물
아래) 건축물의 제1의 형태와 제2의 형태의 흐름

들었다는 의미이다. 먼저 건축물의 형태를 큰 분류 두 가지로 구분해 보았다. 하나는 클래식한 형태와 클래식하지 않은 형태이다. 이렇게 나눈 것은 모던 이후로 형태 변화가 형태주의(클래식)와 기능주의(모던)로 나뉘었기 때문이다. 클래식은 고대, 중세, 근세, 신고전주의가 하나의 묶음으로 진행됐고 모던은 레이트 모던으로 진행되었다. 그러나 미주리주 프루이트 이고 사건으로 새로운 클래식 포스트모던이 등장함에 따라 네오 모더니즘 또한 등장하면서 현재는 두 개의 형태가 공존하는 시기가 되었다.

건축의 주목적은 공간을 만드는 것이다. 그런데 공간의 외부를 담당하는 건축의 형태가 다양성을 가져야 할 필요성은 무엇인지, 건축물의 외부는 내부를 반영해야 하는지 고민해 본다. 먼저 공간을 만든 후 그로 인해 외부를 건축한다. 건축물은 공간이 주목적이지만 또한 도시의 이미지를 결정하는 주된 역할을 한다. 다양한 형태가 언제나 긍정적이라는 것은 아니다. 건축물의 규모나 형태는 도시의 이미지를 각인시키는 역할을 하지만 그로부터 받는 영향은 사람들의 직접적인 의식보다는 무의식에 남아 전체적인 감각을 만드는 토양이 된다. 선택은 보는 이가 한다. 그러나 어느 한 부분에 대하여 좀 더 자세히 알고 싶을 때 그에 대한 자료가 있다면 좋을 것이다.

역사를 통하여 만들어진 건축물 중 살아남은 것을 예술이라 한다. 이는 사람들의 사고에 지대한 영향을 미치기 때문이다. 다양한 형태가 가능하다는 것은 다양한 형태를 선택하는 능력이 있고 시스템이 있다는 것이다. 우린 능력이 있는데 시스템이 부족한 것이 아닌지 생각해 본다.

고대에서 시작해 현재 해체주의를 포함한 형태 춘추 전국시대까지 각 시대의 건축물이 다양해야 옳을 것이다. 디자인 또한 공급과 수요의 법칙이 있다. 공급을 통하여 다양한 디자인에 의하여 깨닫고 이해한다면 다양한 공급이 일어날 것이다. 수요도 마찬가지이다. 수요가 있으면 공급에 따라 충당될 것이다. 디자인은 디자이너의 몫이 아니라 디자인을 선택하는 사람들의 몫이다. 아무리 새로운 디자인이 등장해도 이를 수용하지 못하면 쓰레기통 행이다. 프랑스 대혁명 이후까지만 해도 아직 정교하고 비례가 있으며 사진처럼 그려내는 르네상스 미술이 주를 이루었다. 인상파나 다다이즘이나 새로운 기법은 공모전에 등장하는 즉시 바로 쓰레기

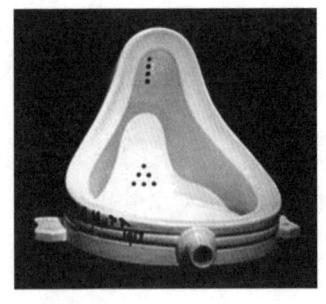
마르셀 뒤샹의 '샘'

통행이었다.

다다이즘의 마르셀 뒤샹의 '샘'이라는 작품은 당시 공모전에서 인정받지 못해 버려져 현재 알려진 형태는 원본이 아니다. 새로운 것을 요구하던 시대에 뒤떨어진 심사위원들의 눈에 차지 않았던 새로운 시도의 작품이 쌓여 가자 사회적으로 불만이 가득했다. 이를 눈치챈 프랑스 2대 대통령 나폴레옹 3세가 이들을 위한 전시회를 개최하면서 인상파를 비롯한 다양한 작품들이 선보이게 되었다.

건축은 공간을 만드는 것이지만 그 공간은 내부인을 위한 것이다. 그 공간에서 파생된 외부의 형태는 외부인을 위한 것이고 주변 환경을 위한 것이다. 하지만 이것이 외부인 모두에게 영향을 주는 것은 아니다. 때로 사람들은 자기의 취향에 따라 선택하고 바라보는데 그렇다면 아직 경험과 지식이 쌓이지 않은 청소년들에게는 선택의 폭이 넓은 것이다. 이들에게 다양한 환경의 제공은 곧 다양한 미래를 투자하는 것이다. 이 투자는 선택의 폭을 넓히는 역할을 하는 것이다.

우리 사회의 다양성은 반드시 필요하지만 그것을 강요할 수 없다. 반대로 획일화된 사회의 모습은 선택의 폭이 좁은 것이 아니라 가능성이 적은 것이다. 교육뿐 아니라 사회는 선택의 폭을 넓게 제공해야 한다. 사람의 성향은 다양하기 때문이다. 계획은 최대한의 가능성을 말하는 것이 아니라 최소한의 조건을 제시하는 것이지만 건축에서는 계획을 중요시한다. 이것은 지켜야 하는 내용이 아니라 최소한 그 조건을 벗어나지 말라는 의미이지만 그 계획에 맞추어 설계하는 경우가 있다. 이는 인간의 다양한 가능성을 제시하지 못하는 결과를 낳는다.

우리가 세계의 도시를 방문하면 다양한 건축 형태가 있는 도시가 있는가 하면 그렇지 않은 도시가 있다. 이는 그 나라의 건축 능력을 말하는 것이 아니라 다양한 시스템의 존재를 의미하는 것이다. 현대에 들어 여러 가지 설비의 힘을 빌려 만족할 만한 건축 공간을 만들어 낼 수 있는 능력을 갖추고 있다. 이제 숙제는 건축물이 도시에서 다양한 가능성을 제시해야 한다는 것이다. 내부에서 탈출하여 외부로 나가야 한다. 다양한 건축 형태가 존재하지 않는 도시는 능력의 문제가 아니라 아직 내부에서 벗어나지 못하기 때문이다.

내가 건축가라면 동일한 형태에 저항할 것이다. 이는 건축가에게 자존심과 같다. 부분적으로 보면 건축 형태의 차이를 구분하기는 힘들지만 시대적 이미지에서 나타나듯이 형태에는 큰 틀이 있다. 이것이 달라야 한다. 고대에는 고대의 형태가 있고 클래식한 형태가 있고 모던이 있고 해체주의가 있다. 더하기와 **빼기**는 계산하는 법이 다르듯 형태를 만드는 콘셉트도 다르다. 건축 형태는 정신에 기인하는 것이지 물리적인 영향이 아니다. 다양한 건축 형태가 도시를 채운다면 다양한 사고를 가진 사람들이 늘어날 것이다. 물론 다양함이란 훌륭한 건축 형태를 의미한다.

실버타운의 위치,
노인을 위한 결정일까?

　국제연합(UN)의 기준에 따르면 전체 인구에서 65세 이상이 차지하는 비율인 고령자 인구 비율이 전체 인구에서 7퍼센트 이상이면 고령화 사회, 14퍼센트 이상이면 고령 사회, 20퍼센트 이상이면 초고령 사회로 구분된다.
　연도별 노인의 비율을 살펴보면 우리나라는 2000년을 기점으로 고령화 사회로 진입한 것을 알 수 있으며, 국가별 고령화 사회 진입 시기를 살펴보면 유럽이 먼저 고령화 사회로 들어섰고 점차 아시아가 뒤를 이었다. 고령화에는 출산율 감소, 의료 기술의 발달, 평균 수명 증가, 전쟁 등 다양한 원인이 있으며, 이를 방지하기 위해서는 다양한 대책이 필요하다. 20세기 이전부터 고령화에 진입한 국가들은 다양한 고령화 대책을 펼치고 있는데 다문화주의와 이민, 난민, 귀화, 외국인 노동자 등이 가장 대표적인 정책이다. 도시 평가 기준도 달라져 지금은 그 도시의 가임 여성

대한민국의 노인 비율 (1960년 ~ 2060년)	
1960년	3.3%
1970년	3.4%
1980년	3.8%
1990년	4.8%
2000년	6.8%
2010년	10.7%
2020년	15.0%
2030년	24.1%
2040년	32.8%
2050년	39.0%
2060년	43.1%
2067년	46.2%

국가	진입 시기
프랑스 제2제국[1]	1864년[2]
스웨덴-노르웨이 연합왕국[3]	1887년
이탈리아 왕국[4]	1927년
영국	1929년
바이마르 공화국[5]	1932년
호주	1939년
미국	1942년
캐나다	1945년
소련[6]	1967년
일본	1970년
대만	1993년
칠레	1996년
대한민국	2000년
중국	2000년
태국	2002년
베트남	2016년
말레이시아	2018년
인도	2022년

연도별 우리나라 노인 비율 / 국가별 고령화 사회 진입 시기

이 노인 비율과 비교하여 어느 정도의 비율을 차지하는지 살펴보기도 한다.

   2010년 후반부터 4차 산업혁명으로 인한 기술의 발전으로 고령화를 해결할 수 있다는 의견 또한 많이 제기되고 있다. 2018년 WHO를 비롯해 생명공학자들이 노화를 치료 가능한 질병으로 분류한 이후, 2020년대에 들어서면서 4차 산업 혁명 기술 중 하나인 생명공학 연구, 특히 건강 수명 및 안티에이징(노화 극복) 기술이 매우 빠르게 발전하고 있다. 실제

로 다양한 성과를 내어 노화에 대한 이해와 극복 기술의 급격한 발전이 이루어지면서 유의미한 노화 극복이 가시적인 미래에 가능할 것으로 예상하는 과학자와 연구자가 늘어나고 대중의 관심도 커졌다.

이렇게 노인 세대가 늘어나며 과거와 달리 활동에 큰 무리가 없는 노인들이 급증하고 있다. 이에 반해 자녀 세대는 독립적인 생활을 추구하는 성향이 두드러지면서 핵가족의 형태는 늘어나지만 경제적인 부담이 해결된 것은 아니다. 노인이 되어 부익부와 빈익빈의 격차는 젊은 시기보다 훨씬 더 커지고 있다. 경제적으로 여유가 있다면 좋은 시설을 갖춘 사설 실버타운을 선택하기도 하지만 여기서 중요한 것은 국가나 지자체에서 운영하는 시설들이다. 늘어나는 노인 세대를 수용하려면 많은 기관이 필요하지만 비용을 낮추거나 국가에서 이를 마련해야 한다. 모두 수용하는 것은 사실 불가능하며 비용을 줄이기도 부담스럽다. 그러나 이에 대한 대책 없이는 2030년 다가올 초고령 사회가 걱정스러울 뿐이다.

요양원이라는 대안도 있지만 대부분의 요양원은 병원 시설과 보호사를 갖추어야 한다. 그래서 비용 자체를 낮추는 일은 쉽지 않다. 그렇지 않으면 이를 모두 세금으로 충당해야 한다. 고령 또는 초고령 사회란 노동력을 갖춘 젊은 세대가 부담해야 하는 노인 비율이 많아진다는 것이다. 이에 대한 방안으로 제시되는 것이 이민정책과 출산율 증가이다.

2019년 3월 말 통계청이 내놓은 자료에 의하면 2117년 대한민국의 인구는 낙관적으로 봤을 때 31,810,000명 정도이고 심하게는 11,690,000명 정도까지 하락할 예정이라고 한다. 이렇게 되면 최소한의 노인 비율은 41퍼센트나 되고 높은 경우에는 54퍼센트나 되어서 인구의 과반수가 노인이 된다. 이제 이민 정책이든 출산율이든 일단 노인 정책에 머리를 맞대야 한다. 방편으로 양로원이나 실버타운 등 노인들의 사회적 문제에 대한 대안을 내놓아야 한다. 대가족 제도는 서서히 무너지고 핵가족 시대로 접어들며 주택 정책은 인구 감소로 자연적으로 해결될 것이다. 줄어든 인구로 조직화된 영업이 아니면 살아남기 힘들어 대부분의 가게는 체인으로 바뀔 것이다. 증가한 노인들을 양로원에 모두 수용할 수는 없으므로 노인들이 주택에 혼자 거주하게 되고 보호를 요구하는 노인들만 양로원을 향하게 된다.

양로원 경비를 국가가 대체하지 않으면 보호받지 못하는 노인들이 증가할 것이며 이는 사회적 문제로 대두될 것이다. 이는 정치적으로도 영향을 미쳐서 2017년 제19대 대통령 선거에서는 전체 유권자에 해당하는 성인 인구 중에서 19세, 20대는 16퍼센트, 30대는 18퍼센트, 40대는 21퍼센트, 50대는 20퍼센트, 60대 이상은 24퍼센트를 차지해 60대 이상은 약 4분의 1에 달했고 50대 이상까지 합치면 절반가량이 되었다. 정부는 새로운 정책 마련이 시급한 상황이다.

양로원의 경비 문제를 제안한다면 이곳에 입주하는 노인들의 기대 수명이 높아져 앞으로는 활동이 가능한 노인들도 많을 것이다. 그렇다면 노동력의 수준을 등급별로 나누어 가능한 일을 많이 만들어 이들이 노동하도록 함으로써 양로원은 낮은 노동력을 투자하여 이에 걸맞은 수익도 내고 입주자들의 경비도 절감할 수 있다. 이 노동을 통하여 신체 조건과 건강을 향상할 수 있는 계기로 만들 수 있다.

실버타운을 절대 한적한 곳에 배치해서는 안 된다. 그러면 시장권에서 멀어져 수익 창출에 어려움이 생길 것이기 때문이다. 하지만 이보다 더 중요한 것은 노인들의 사회생활이다. 노인은 젊은이보다 사회 활동이 줄어들 수밖에 없다. 즉 대인관계의 단절을 가져올 수 있다는 것이다. 이는 육체적인 건강뿐 아니라 정신적인 건강에도 긍정적이지 못하다. 그래서 공기 좋고 물 맑은 한적한 곳에 실버타운이나 양로원을 두는 것은 아주 짧은 생각이다. 교통편이 좋고, 상권이 좋으며 사람을 쉽게 만날 수 있는 곳에 배치하는 것이 옳다. 특히 이러한 기관에 여러 시설을 두어 관리비를 높이는 것은 상업적이거나 진정한 노인정책을 생각하지 않은 이익 창출에 초점을 둔 장사꾼이나 하는 결정이다. 정책은 일부 특권층을 향해서는 안 된다.

속초 근방 화진포에 건립할 실버타운 건축을 위해 심의를 다녀온 적이 있다. 공기도 맑고 경치도 좋고 자연환경이 무척 좋은 위치였다. 그러나 나는 반대했다. 이는 환경에 맞춘 것이지 노인을 위한 결정으로 볼 수 없기 때문이다. 이곳은 지리적으로 창살 없는 감옥이나 마찬가지라고 생각했다. 사람은 사회적 동물이다. 그러므로 이들을 사람 곁에 두어야 한다. 이러한 정책은 전문적인 지식이 부족한 결정이다.

내가 건축가라면 사람을 먼저 생각할 것이다. 건축은 사람을 위한 작업이기 때문이다. 사람을 사랑해야 좋은 공간을 만들 수 있다. 건축 설계의 시작은 위치도부터 시작한다. 위치도를 보여주는 이유는 그 대지가 어디에 있는가만 보여주는 것이 아니라 그 대지가 어떤 환경을 갖고 있는가를 보여주기 위함이다. 여기서 환경의 가치는 그 대지에 들어올 사람의 상태를 반드시 반영해야 하는 것이다.

건축의 목적

 지금의 건축에 직접적인 영향을 준 것은 6000년 전으로 거슬러 올라간다. 이후 건축은 정말 많은 변화를 해 왔다. 비단 건축뿐 아니라 모든 분야가 시간에 비례하여 더 나은 발전을 해 왔다. 특히 IT 분야는 타 영역에 비하여 크게 발전하고 다른 영역에도 엄청난 변화를 줄 만큼 달라지고 있다. AI라는 테마가 등장하기 전까지 이 많은 변화는 인간이 살아가는 데 편리성을 더하는 역할을 했다. 그러나 이제 이 변화가 과연 옳은 것인가에 대한 염려를 할 만큼 인간의 발전은 이제 거부할 수 없는 단계까지 이르렀다.

 이렇게 각 분야가 발전하면서 건축 또한 변화했다. 초기 막집이 등장한 이후로 구조가 달라지고 공간이 달라지면서 건축도 다양한 형태를 구현할 수 있게 되었다. 처음은 바닥이었다. 바닥은 우리의 신체가 닿는 영역으로 먼저 육체적인 해결이 우선과제였던 것이다. 이후 두 번째는 벽이다. 벽은 건축의 형태를 구성하는 주요인이다. 그리고 인테리어의 중요한 부분이다. 즉 육체적인 것이 해결되자 인간은 감성적인 부분을 요구하게 되었다. 감성적인 욕구는 다양한 내부 디자인을 변화시켜 내부 분위기를 달라지게 한 것이다. 마지막으로 지붕의 발달이다. 이는 건축의 구조와 관계가 있다. 이는 하중과 깊은 관계가 있어서 이를 해결하면서 다양한 지붕의 형태를 시도하게 되었다. 이는 앞의 육체적인 부분과 감성적인 부분하고는 달라 전문적인 지식을 필요로 하는 것으로 지성적인 발달이다. 건축은 이렇게 단계별로 발달하면서 이제 다양한 건축 형태를 만들 수 있는 능력을 갖추게 된 것이다.

건축의 목적은 무엇인가? 무엇을 위하여 그 긴 세월 동안 건축이 발달해 온 것인가? 이에 대한 답을 찾기 전에는 올바른 방향에 대한 기준을 정할 수 없다. 건축가는 먹고살기 위하여 설계를 하기도 하지만 건축이 앞으로 나아갈 길을 제시하면서 새로운 방법을 보여주는 건축의 거장도 있다. 디자인은 기능과 미를 더한 것이라고 했지만 궁극적인 목표는 '디자인=문제해결'이다. 문제를 안은 채 미래로 나아갈 수는 없다. 건축의 디자인은 더 좋은 공간을 제시하는 것이다. 그렇다면 더 좋은 공간은 무엇인가? 공간의 변화에 대해 살펴볼 필요가 있다. 막집 이전에 우린 동굴로 들어갔다. 물론 맹수와 기후 변화 때문이다. 기후 변화가 없는 지역에선 맹수를 피해 숲속에서 생활하기도 했다. 어떻든 우리의 최초 공간은 동굴이다. 맹수의 위협은 인간의 삶이 발달하면서 사라졌다. 그러나 기후는 우리의 힘으로 해결할 수 있는 것이 아니므로 우린 동굴에서 영원히 나올 수 없음을 깨닫게 되었다. 이것이 공간의 변화가 필요한 이유가 되었다.

필립 존슨의 AT&T 빌딩 / 필립 존슨의 글래스 하우스

건축의 목적은 공간을 만드는 것이라고 했다. 그렇다면 어떤 공간을 만드는 것인가? 바로 동굴과 같은 공간을 만들지 않는 것이다. 동굴은 입구 부분을 제외하고는 무척 어둡다. 동굴은 오로지 내부만 있으며 환기도 어렵다. 그리고 답답하다. 이제 이런 공간을 만들지 말아야 한다.

건축가 필립 존슨은 원래 포스트 모던 건축가로 과거의 디자인 소스를 가져와 현대 건축에 접목시킨 미국의 거장이다. 그의 AT&T(현재 소니빌딩) 빌딩을 보면 그의 건축적 취향을 한눈에 볼 수 있다. 이 건물을 보면 고대 그리스 양식에서 볼 수 있는 삼각지붕, 비잔틴 양식의 원, 고대 로마 양식의 아치, 동일한 형태 반복, 일체형, 좌우 대칭 등 클래식한 건축물에서 볼 수 있는 이미지가 가득함을 느낄 수 있다. 이러한 형태 요소들은 비단 이 건물뿐 아니라 그의 다른 건축물에서도 찾아볼 수 있다. 이는 곧 그가 클래식한 형태를 선호함을 알 수 있다. 그런데 그의 건축물 중 이러한 건축적 형태와는 확연히 다른 형태를 보여주는 주택이 있다. 그것은 바로 글래스 하우스(The Glass House)이다.

이는 부인이 세상을 떠난 후 지은 자신만의 주택으로 AT&T 빌딩과 비교했을 때 큰 차이가 있다. 건축가는 일반적으로 건축주의 요구 사항과 자신의 콘셉트를 반영하여 설계한다. 그런데 이 두 가지를 반영하여 그가 설계한 이 주택은 바로 자신이 건축주이다. 이는 자신의 콘셉트를 100퍼센트 반영했다는 의미이다. 이 주택을 보면 건축의 목적과 그가 이 주택을 통하여 어떤 메시지를 전달하고자 했는지 알 수 있다.

이 주택은 사방이 유리벽으로 되어 있다. 이 주택은 공간을 형성하는 데 필요한 최소한의 구조재를 사용했다. 우리는 보통 건축에 일가견이 있는 건축가가 자신의 주택을 설계한다면 관심을 갖게 마련이다. 자신의 의견을 백분 담았을 것이라 생각하기 때문이다. 이 주택을 두고 필립 존슨은 '나는 세상에서 제일 비싼 벽지를 갖고 있다'고 말했다. 벽은 시야가 더 이상 가지 못하는 영역이다. 이렇듯 벽은 공간을 제한한다. 즉 동굴이 그 원조이다. 필립 존슨은 이 주택을 통하여 인간을 동굴에서 탈출시킨 것이다. 이것이 건축이 앞으로 나아가야 할 방향이고 목적이다. 앞으로 건축은 이같이 벽을 허물어야 한다. 내부에 있지만 외부에도 있는 것 같은 공간을 창조해야 한다. 몸은 동굴 안에 있지만 마음은 초원을 뛰어놀 수 있게 만들어야 한다. 이 주택이 위대한 것은 바로 이러한 메시지를 담고 있기 때문이다. 시대별로 다른 형태의 건축물이 등장했고 우리는 이것을 양식이라 부른다. 이 모든 양식을 통합한 것이 바로 필립 존슨의 글래스 하우스이다.

건축에서 해결하지 못한 부분이 많았다. 창을 크게 내면 겨울에는 춥고 여름에는 더워서 창의 크기에 제한을 받았다. 그러나 설비가 이를 도왔고 다양한 지붕의 형태를 구조가 도왔다. 막힌 공간을 만드는 것은 훌륭한 건축가가 아니며, 동굴처럼 어둡고 답답한 공간은 건축의 목적을 간과한 공간이다. IT 분야의 발달로 거의 모든 것을 제어할 수 있는 시대가 열렸다. 시공도 3D프린터의 도움으로 달라지고 있고 사람들의 취향도 달라지고 있다. 이제 건축가만 달라지면 된다. 이제 공간에 갇힌 사람들을 꺼내는 것이 건축의 목적이다.

마을 살리기 운동

건축가가 다양한 부분에서 어떤 역할을 할 수 있는가에 대해 고민해 왔지만 마을 살리기에 대한 주제는 그 무엇보다 중요한 부분이라고 생각한다. 이는 지역 발전에도 중요하지만 국가에도 중요한 이슈이다. 마을 살리기는 비단 우리나라만의 문제는 아니다. 많은 선진 국가들이 오래전부터 이 문제에 직면하여 이를 해결하려고 노력하여 성공하거나 실패한 경험을 갖고 있다. 이에 가장 큰 원인은 바로 저출산을 통한 인구 감소와 고령화에 있다는 것을 모르는 국가는 없다. 인구 감소에 대한 견해는 많이 다르다. 어떤 국가는 오히려 폭발하는 인구 증가에 대한 문제를 안고 있지만 선진화될수록 인구 감소는 큰 사회문제로 떠오르고 있다. 고령화는 기대 수명을 위한 의학의 발달이 뒷받침된 결과로 의학의 발달로 안티에이징이 가능해지고 기대 수명은 점점 더 높아지고 있다.

이러한 문제가 극대화되면서 도시에 대한 평가 기준이 산업의 발전 가능성보다 그 도시의 가임여성 비율과 노인의 비율에 치우치고 있는 실정

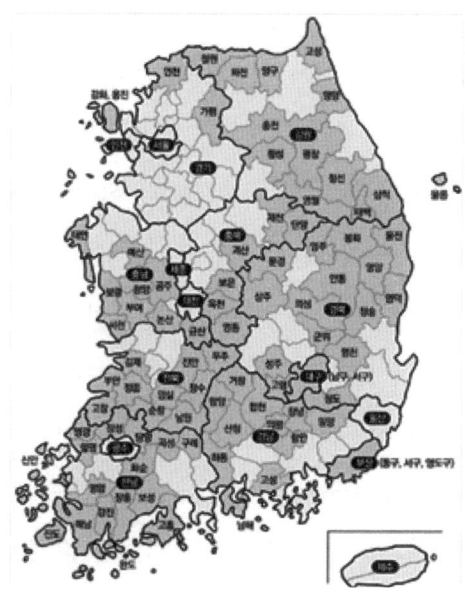
2021년 행정안전부가 발표한 인구 감소 지역

이다. 산업의 발전 가능성이 젊은 세대의 유입을 위한 긍정적인 요소로 작용하는 것은 맞지만 지역의 젊은 세대가 빠져나가면서 그 지역의 기반 시설이 취약해지고 있는 것이다. 사람들이 도시로 나갈수록 지역적인 손해는 커질 수밖에 없다. 각 지역의 마을 살리기나 지역 살리기 운동이 필요한 이유다.

2021년 행정안전부가 제시한 인구 감소 지역 즉 축소도시 자료를 살펴보면 이미지에는 89개 지역이 등장하는데 이 숫자는 더욱 증가할 것이다. 서울과 수도권 지역을 제외하고는 인구 감소 지역이 전국적으로 퍼져 있다. 2006년 옥스퍼드 인구학자 데이비드 콜먼은 저출생으로 지구에서 사라지는 최초 국가는 한국이 될 것이라고 주장하기도 했다. 2000년을 최고점으로 우리나라의 인구는 감소세로 돌아서고 현재 출산율은 0.78 퍼센트를 기록하고 있다. 이에 인구 감소 현상은 지방부터 심각한 문제로 떠오르고 있다.

인구가 많고 사회기반 시설이 잘 마련되어 있는 도시에서 자란 사람들은 이를 피부로 느끼지 못하고 있다. 이 의미가 중요한 이유는 이것이 국가의 존립을 위협할 수 있다는 것이다. 특히 가장 큰 문제는 지방자치단체가 인구 감소의 상황을 받아들이지 못하고 있다는 것이다. 이는 지역 불균형 관련 예산이 고작 0.6퍼센트라는 것을 보면 알 수 있다. 지방이 무너지면 국가가 무너진다. 안타까운 것은 단체장 중 이에 대한 전문가가 없다는 것이다. 축소도시는 확대되고 있지만 단체장의 정당이 바뀌면 정책 또한 바뀌는 상황도 안타깝다.

저출산과 고령화 문제는 다르다

한 아이가 태어나 성인이 되려면 최소한 20년이 걸린다. 축소도시에 대한 정책은 이렇게 장기적인 플랜으로 진행되어야 한다. 저출산과 고령화는 사실 전혀 다른 문제이다. 그러나 이 둘을 분리해서 볼 수는 없다. 마을이 사라지고 축소도시가 증가하는 이유를 모르는 이는 없을 것이다. 청년들이 사회에서 경쟁에 지치고 결혼을 미루면서 저출산으로 이어지는 것이다. 즉 청년들이 결혼하게 해야 한다. 결혼장려금이나 출산지원금 같은 정책은 일시적인 해결책이 될 수 없다. 청년들도 아이를 최소한 20년은 뒷받침해야 한다는 사실을 알고 있다. 이러한 문제를 간파하지 못한 쓸데없는 정책은 정부에 대한 신뢰를 잃게 하는 요인이 되기도 한다.

출산에 대한 지원금을 살펴보면 출산지원금의 경우 자녀 한 명에 200만 원, 부모수당은 35~70만 원이며 입학 전까지 월 20만 원 등을 지원하는 양육수당이 있고 백신 무료 접종과 육아휴직 등이 있다. 제일 큰 지원금이 출산지원금 200만 원인데 이는 미래에 대한 안목이 부족한 이들의 정책이다. 200만 원의 출산지원금을 받겠다고 아이를 낳는 사람은 없다. 자녀가 대학에 입학할 때까지 매달 300만 원을 지원해 줄 수 없다면 이러한 정책은 아무 효과가 없다.

저출산 문제는 청년들이 결혼하게 만들어야 하는 것이다. 그러려면 먼저 취업이 가능해야 한다. 그런데 본인이 자란 지역에는 산업시설이 없어 이들도 고향을 떠나 도시로 갈 것이다. 그러나 그곳은 다른 곳에서 모여든 사람들로 가득하고 경쟁 또한 심해 삶의 스트레스로 결혼은 꿈도 못 꾸게 된다. 고령화는 막을 수 없다. 모든 사람들이 기대 수명이 있고 의학은 그에 맞추어 발달하고 있다. 문제는 고령화가 아니고 노동력이다. 이들은 노동력을 제공할 수 없다는 것이다. 즉 노동력을 갖춘 젊은이는 고향을 떠나고 노동력이 부족한 노인들만 있는 마을은 도태될 수밖에 없다.

지역이 자립할 수 있는 방법을 찾아야 한다. 지금까지 한국 사회는 서울 공화국만 존재했다. 세종시의 탄생을 통해 행정기관의 이전으로 인구 이동이 있을 것이라 기대했다. 그러나 결과는 근무자만 이동하고 가족은 세종시로 이동 없는 결과만 초래했다. 이는 축소도시에 대한 정확한 분석에 실패한 것이다. 축소도시는 자생적 생존 방법을 찾아야 한다. 이를 위해 먼저 성공한 사례를 살펴볼 필요가 있다. 이를 위해 지역의 경제적 독립과 마을을 인간과 지역 사회의 연대 중심으로 만들어야 한다.

해외 사례로 살펴본 도시 재생

　미국의 경우 영스타운을 예로 들 수 있다. 시 당국과 영스타운 주립대학의 연계로 도시 재생의 길을 연 사례로 이 대학의 캠퍼스는 도심에 위치하면서 캠퍼스의 도심화로 지역 경제에 도움을 주었다. 지역 대학과의 연계는 지역의 미래 먹거리 산업 발굴에 필수적인 요건이 될 수밖에 없다. 영스타운 주립대학교는 영스타운의 주력 사업이었던 철강산업에 기반해 우수한 성능의 충격 흡수 알루미늄 용기, 초경량 알루미늄 세라믹 방탄조끼 등을 만들어냈다. 산학협력을 통해 도시의 새로운 경제 기반을 만들어낸 것이다. 결국 대학의 지속을 위해서는 연고지의 생존이 요구된다. 대학이 우수한 인재를 양성해 내고, 지역은 인재가 정착해 그 안에서 가정을 형성하도록 장려하고, 그 도시에서 나고 자란 다음 세대가 지역 대학에 입학하는 선순환을 기대할 수 있다. 이러한 경우는 우리나라에도 많다. 예를 들어 타 지역 학생을 모집하기 위하여 스쿨버스를 운행해 학생들이 걷는 거리가 단축되고 이로 인하여 학교 앞 시장 경제가 위축되는 사례가 많다. 이는 학교의 신입생 모집에 대한 고민도 있지만 또한 지역 발전에 도움이 되지 않는다는 점도 감안해야 한다.

　독일의 경우 라이프치히는 통독 이후 국영기업의 민영화로 인해 기업들이 도산 또는 이전하면서 지역 경제에 많은 타격을 입었다. 시 정부는 낙후된 도심 내 보수가 가능한 주택은 보수하고, 노후 수준이 심각한 주택은 아예 철거하여 효율적인 구조로 재건축해 소유자에게 돌려주었다. 빈집이 많을수록 주택이 관리되지 않아 빠르게 낡고 치안은 열악해진다. 이에 주택협회인 하우스할텐(HausHalten)은 소정의 계약금과 최소한의 관리비만 가지고 빈집과 세입자를 연결해주는 베히터 하우스(Wachterhaus) 프로젝트를 진행하면서 빈집 문제와 주거 문제를 동시에 해결했다. 당분간 활용이 불가능해 보이는 건물이나 주택은 오픈 스페이스로 활용하거나 아예 철거한 후 근린 정원으로 전환하면서 시민의 여가 활동이나 예술 활동을 장려하였다.

영국의 맨체스터는 인구의 60퍼센트가 단순 생산노동에 종사할 정도로 대표적인 공업도시였지만 본래 보헤미안 문화나 길거리 댄스 문화와 같은 자유로움을 상징하는 문화가 자라났던 지역이다. 도시 분위기에 걸맞춰 노던쿼터(Northern Quarter)의 버려진 요트 창고를 활용한 클럽 '하시엔다'가 들어서며 대중적인 인기를 끌었고 자연스레 청년이 모였다. 주 소비층을 잡기 위해 상점과 카페, 기업이 노던쿼터에 몰려들었고 시 당국은 노던쿼터를 전략적 문화지구로 선정한다. 자유로운 분위기에 매료된 젊은 게이들이 차츰 모여들어 '게이 빌리지'를 형성하면서 이곳을 중심으로 맨체스터의 창조 산업은 폭발적으로 성장했다.

일본의 인구 변화의 또 다른 측면은 2차 세계 대전 이후 높은 비율로 지속되어 온 대도시에 사람들이 집중된다는 것이다. 현재 5명 중 1명이 100만 명이 넘는 도시에 살고 있으며, 거의 절반이 30만 명이 넘는 도시에 살고 있다. 2014년 5월, 일본 정책 심의회(JPC)는 연구 조사에서 충격적인 결과를 발표한다. 인구 감소, 고령화, 젊은이들의 대도시로의 이주가 현재 비율로 계속된다면 현재 지방자치단체의 약 30퍼센트가 2040년까지 사라질 위기에 처한다. 2010년에서 2040년 사이에 농촌 자치 단체에서 출산 연령의 여성 수가 절반으로 줄어들 것이라는 점을 감안할 때 현재 인구가 1만 명 미만인 지역은 사라질 위기에 있는 것으로 예측된다. 이 현상은 지금 우리가 처해 있는 상황과 너무도 비슷한 경우이다.

돗토리현 치즈마치의 제로투원 마을 활성화 운동을 살펴보면 이들은 이 지역에 장점인 자연을 살려 자연을 경험하는 유치원을 처음에 운영하다 이것이 알려져 지금은 '마루탄보(일본어로 통나무)'라는 숲 유치원이 설립되었다. 숲 유치원은 1950년대 덴마크에서 시작된 것으로 자연 환경 속에서 야외 활동을 중심으로 하는 미취학 교육 유형이다. 이 프로젝트는 한 여성이 치즈초의 숲 환경에서 아이를 키우고 싶은 소망을 담아 마을 위원회에 제안한 것이다. 이 계획은 승인되었고 몇 년간 운영한 후 마루탄보는 이제 독립 프로젝트로 진행되고 있다. 마루탄보는 2009년 개원 이래로 큰 인기를 끌고 있다. 어린이의 절반 정도가 다른 지역에서 온 신규 이주민들로 현재 돗토리현에는 숲 유치원이 3개 운영되고 있는데 직원 대부분이 새로운 유치원을 열거나 그곳에서 일하기 전에 치즈초의 마루탄보에서 현장 실습을 받는다.

돗토리현 치즈마치의 제로투원 운동에는 다양한 프로그램을 실행하지만 특이한 프로그램이 있다. 치즈초는 2010년에 일본 전역의 가족에게 '피난 보험'이라는 것을 판매하기 시작했다. 재해가 발생하면 보험 가입자는 7일 동안 무료 숙박 및 식사와 함께 이 마을에 머물 권리가 주어진다. 해당 연도에 재해가 발생하지 않으면 보험 가입자는 쌀, 채소 또는 공예품과 같은 마을 특산품을 1년에 한 번 받게 된다. 보험 가입자는 또한 이 마을의 개인 주택에 머물거나 숲 치료 프로그램 등과 같은 마을 체험 프로그램을 반값으로 즐길 수 있는 특권이 주어진다. 연간 보험 정책은 1인당 10,000엔(약 89달러), 2인 가족은 15,000엔(약 134달러), 3~4인 가족은 20,000엔(약 179달러)으로 현재 보험 가입자 수는 약 250명이다. 이것이 도시 거주자의 회복력을 향상시키기 위한 독특한 프로젝트라고 생각할 수 있지만, 실제 목적은 해당 지역 노인들에 대한 의무를 다하는 데 있다. 치즈초는 산간 지역으로 농경지는 2퍼센트에 불과하다. 대부분의 농부는 화학 비료나 살충제를 사용하지 않고 집에서 소비할 채소와 작물을 재배한다. 대부분의 경우 가족이 먹을 것보다 조금 더 많이 재배할 뿐이다. 이 마을은 노인 농부들이 재배한 잉여 농산물을 사들여 보험가입자들에게 선물로 제공한다. 이 보험은 마을을 건설하는 데 평생을 바친 노인들에게 감사를 표하고자 하는 시장의 아이디어로 시작되었다. 치즈 야사이 신센구미(일본어로 '치즈의 신선한 채소를 위한 모임')라는 그룹이 마을의 잉여 농산물 구매 메커니즘으로 형성되어 있는데 약 80명의 농부가 이 그룹에 참여하고 있다. 마을 사무소가 그룹 사무실을 담당하고 수거를 위해 파트타임을 고용한다. 마을이 활성화되면서 잉여 농산물은 이제 보험 가입자에게 선물로만 사용되는 것이 아니다. 농부들은 고베로 가서 직접 판매하거나 주변 지역의 레스토랑 직원이 농부에게 와서 구매한다.

예술과 문화를 담아 성공으로 이끈 소도시

1990년대 카미야마는 일본의 기준으로도 인구 감소와 노령화가 심각한 상황이었다. 경제 활동의 감소에 시달리며 인구의 50퍼센트 이상을 잃고 수많은 주택과 상점이 버려졌다. 상황의 심각성을 깨달은 지방 자치 단체와 지역 사회 지도자는 카미야마를 되살리는 첫 번째 단계로 카미야마 크리에이티브라는 지역 사회 중심 기관을 설립하기로 했다. 이 기관은 관광, 농업, 재생 에너지를 포함한 다양한 이니셔티브를 통해 마을의 지속 가능한 성장을 촉진하는 것을 목표로 했다. 이 기관은 지역 자원봉사자와 협력하여 버려진 주택을 리노베이션하여 게스트하우스와 카페로 바꾸는 프로젝트를 시작했다. 카미야마 크리에이티브는 마을을 방문하는 사람들을 유치하기 위해 이 지역의 자연의 화려함과 문화유산을 홍보하는 중요한 전략을 실행했다. 이 마을은 푸른 산, 무성한 숲, 구불구불 흐르는 강으로 둘러싸여 있으며, 인디고 염색과 대나무 직조와 같은 전통 공예로 유명하다. 또한 이 기관은 1년 내내 여러 축제와 이벤트를 조직했는데, 여기에는 전 세계의 예술가를 초대하여 마을에 거주하고 작업하게 하는 카미야마 아티스트 인 레지던스 프로그램도 만들었다. 카미야마의 재생 이야기는 작은 시골 마을이 어떻게 번영하고 지속 가능한 커뮤니티로 전환될 수 있는지에 대한 동기를 부여하는 예시이다. 지역의 자연의 아름다움과 문화를 홍보하고, 지속 가능한 농업과 재생 에너지 계획을 실행하고, 커뮤니티 의식을 심어주는 것을 포함한 다각적인 접근 방식을 통해 카미야마 크리에이티브는 상당한 장애물에도 불구하고 시골 재생이 가능하다는 것을 성공적으로 입증했다. 이 성공적인 사례 연구는 우리가 그 원칙에서 배우고 전 세계의 다른 작은 시골 마을에 이를 구현하여 지속 가능한 개발을 촉진하고 미래 세대를 위해 이러한 커뮤니티를 재활성화하도록 영감을 준다.

성공 사례와 전략들을 살펴보면 결과적으로 농촌 활성화 전략으로 소규모 기업 유치 및 지원이 절대 필요하다. 여기에는 재정적인 인센티브가 제공되어야 한다. 소규모 기업을 농촌 지역으로 유치하기 위한 효과적인 전략 중 하나는 재정적 인센티브를 제공하는 것이다. 세금 감면, 보조금, 저금리 대출이 여기에 포함될 수 있다. 기업의 재정적 부담을 줄임으로써 농촌 지역 사회에 기업가 정신과 성장을 장려하는 환경을 조성할 수 있는 것이다. 매사추세츠주 셸번 폴스 타운의 경우 상점 리노베이션, 신규 기업 유치, 도심 지역 활성화를 위한 자금을 제공하는 보조금 프로그램을 시행하기도 했다. 무엇보다 농촌 지역은 종종 기업을 지원하는 데 필요한 인프라가 부족하다. 도로 개선, 광대역 인터넷 접속 확대, 유틸리티 시스템 업그레이드와 같은 인프라 개발에 투자함으로써 농촌 지역 사회는 중소기업에 매력적인 환경을 조성할 수 있기 때문이다. 노스캐롤라이나주 윌슨 타운은 자체 광섬유 네트워크를 구축하여 기업과 주민에게 고속 인터넷 접속을 제공했다. 이 투자는 기술 기반 기업을 유치하고 해당 지역의 일자리를 창출하는 데 도움이 되었다.

협력과 지원으로 농촌을 일으키다

협력 촉진 또한 필요하다. 지방 정부, 기업 조직 및 지역 사회 구성원 간의 협력은 농촌 활성화에 필수적이다. 이러한 이해관계자가 협력하여 지역 사회의 요구 사항을 파악하고 소규모 기업을 지원하는 전략을 개발할 수 있다. 성공적인 협력 사례로 웨스트버지니아의 '애팔래치아 식품유역 프로젝트(Appalachian Foodshed Project)'를 들 수 있다. 이 이니셔티브는 농부, 가공업체, 유통업체 및 소비자를 하나로 모아 소규모 농업 기업을 지원하고 농촌 지역에서 신선하고 건강한 음식에 대한 접근성을 개선하는 지역 식품 시스템을 만들었다.

지역적 특성을 살려 사계절 관광을 장려하는 방안도 있다. 농촌 지역은 종종 관광객을 유치할 수 있는 독특한 자연 및 문화적 자산을 보유하고 있다. 관광을 장려함으로써 농촌 지역 사회는 숙박 시설, 레스토랑, 장인 상점과 같은 소규모 사업체를 위한 시장을 창출할 수 있기 때문이다. 텍사스주 마르파 마을은 전 세계 관광객을 유치하는 활기찬 예술 명소로 변모했다. 방문객의 유입으로 새로운 사업이 설립되고 지역 경제가 활성화된 것이다.

창업 교육 지원 또한 이루어져야 한다. 야심 찬 기업가에게 리소스와 교육을 제공하는 것은 농촌 활성화에 필수적이다. 기업가 교육 프로그램을 제공함으로써 농촌 지역 사회는 지역 인재를 육성하고 소규모 기업의 발전을 장려할 수 있다. 이에 대한 한 가지 예는 노스캐롤라이나의 농촌 기업가 센터로, 야심 찬 농촌 기업가에게 교육, 멘토링 및 자본 접근을 제공한다. 이 지원 시스템은 성공적인 사업을 시작하고 농촌 지역에서 일자리를 창출하는 데 도움이 될 수 있기 때문이다.

결론적으로 소규모 기업을 유치하고 지원하는 것은 농촌 활성화의 중요한 구성 요소이다. 재정적 인센티브, 인프라 개발, 협업, 관광 진흥 및 기업가 정신 교육을 통해 농촌 지역 사회는 기업가 정신을 육성하고, 경제 성장을 촉진하고, 주민의 삶의 질을 개선하는 환경을 조성할 수 있다. 이러한 전략을 구현함으로써 농촌 지역은 활기차고 번영하는 소규모 기업 활동의 허브가 될 수 있다.

마을들이 살아남기 위한 방법은 많지만 오히려 더 어렵게 만드는 요소도 많다. 그중에 하나가 바로 고속도로 건설이다. 내가 건축가라면 고속도로를 설계하기 전 그 지역의 마을들에 대해 연구할 것이다. 고속도로가 생기기 전 대부분의 자동차들은 국도 즉 마을을 지나갔다. 이는 그 마을에 대한 이미지와 상권을 살릴 수 있는 기회가 되기도 한다. 그러나 고속도로가 생기면서 작은 마을들이 잊히고 있다. 고속도로가 국도 이용률을 낮추고 있기 때문이다. 마을은 중심 거리를 만들어야 한다. 이 중심 거리는 곧 그 지역의 얼굴이다. 타 지역 사람들이 이 중심 거리를 지나면서 쉬어 가는 등 관광 거리로 조성할 수 있어야 한다. 모든 것의 끝에는 기능적인 목적만 이루려는 이유만 있다. 아마도 고속도로가 마을을 사라지게 하는 또 하나의 이유가 아닐지 생각해 본다.

농촌 지역은 국가의 전반적인 발전과 지속 가능성에 중요한 역할을 한다. 그러나 최근 몇 년 동안 많은 농촌 지역 사회는 인구 감소, 제한된 경제적 기회, 기본 서비스에 대한 접근성 부족을 포함한 상당한 어려움에 직면했다. 다양한 어려움으로 인해 많은 농촌 주민의 삶의 질이 저하되고 있다. 농촌이 죽으면 나라가 위험하다. 국가는 이러한 점을 반드시 염두에 두어야 하며 대도시와 수도권은 농촌에 충분한 자본을 투자함으로써 지방 살리기에 힘을 실어야 한다. 많은 의사들이 이렇게 말한다. 아플 때 오면 이미 늦었다고.

창문과 문은
사람의 얼굴과 같다

건축에는 다양한 창문과 문이 있다. 이를 개구부라 부르는데 건축물을 사람의 얼굴로 치면 눈, 코, 입과 같다. 우리가 소위 '잘생겼다'라고 여기는 사람은 얼굴의 비례가 잘 맞다는 것이다. 그러나 기본적으로 눈, 코, 입의 모양도 중요하다. 개구부 형태는 곧 건축물의 형태이다.

건축물의 기본적인 역할은 인간을 자연으로부터 보호하는 것으로 이에 외부로부터 공간을 분리시키는 것이다. 건축가들은 땅으로부터 공간을 분리하기 위해 바닥을 만들었고 환경으로부터 분리하기 위해서 벽을 만들었으며 비나 눈과 같은 기후 변화로부터 공간을 보호하기 위하여 지붕을 얹었다. 그러나 이러한 방법이 점차 공간을 폐쇄적인 상황으로 만들어가자 건축가들은 공간의 자유에 대해서 생각하기 시작했다. 그러나 모던 이전의 건축 기술은 이에 대한 생각을 실행할 수가 없었다. 제한된 건축 재료, 또한 상징적인 건축물의 사회적인 역할이 내부 공간보다는 외형적인 상징에 더 관심을 기울였기 때문이다.

르코르뷔지에의 돔이노 시스템은 2차 세계 대전 후 파괴된 주택들을 빠른 시간에 복구해야 하는 상황에서 탄생한 것으로 하중을 기둥으로 받친 벽이 없는 주택 구조이다. 여기에서 벽을 위한 재료가 다양해지기도 하지만 이제 벽은 구조에서 자유를 얻게 되었다. 즉 개구부의 성격이 달라지게 된 것이다. 이는 건축에서 위대한 발명 가운데 하나다. 과거에는 대부분의 하중을 벽이 담당했기 때문에 개구부의 선택이 자유롭지 못했다. 즉 문과 창문의 크기뿐 아니라 위치에 대한 선택도 자유로워졌다. 개구부는 건물의 눈, 코, 입이다. 어둡고 막혀 버린 공간은 마치 사람이 눈을 감고 있는 것과 같으며, 창이 환기에 대한 기능을 하지 못하면 이는 사람의 코가 막혀버린 것과도 같다. 개구부가 곧 공간의 자유를 측정하는 데 중요한 역할을 하는 것이다.

좌측은 공간이 완전히 폐쇄된 형태로 물리적, 시각적으로 외부와 단절된 환경이다.
우측은 벽의 한 면이 개방된 형태로 외부와 시각적인 소통을 할 수 있다.
이 같은 두 환경은 물리적인 면적은 같지만 심리적인 면적은 다르게 느껴진다.
같은 면적의 공간이라도 개구부가 만들어지면 내부에서의 느낌은 전혀 다르다

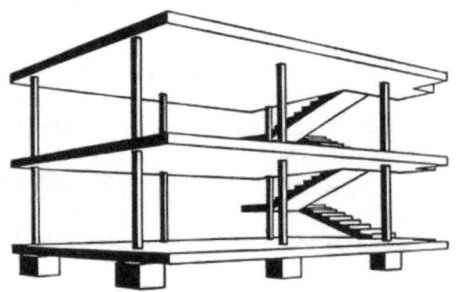
르코르뷔지에의 돔이노 시스템

모던 이전의 돌이라는 육중한 재료는 종교적인 성격과 권력을 쥔 성주들의 사회적인 무게를 나타내는 것으로 그 시대에 걸맞은 적절한 재료로 받아들였다. 그래서 과거에는 벽이 무척 두꺼운 건물이 많았는데 지금의 벽의 두께와 비교를 한다면 상상할 수 없을 정도로 두꺼운 것도 있었다.

건축가들은 폐쇄적이고 어두운 공간을 마음에 들어 하지 않아 이를 해결하려고 노력했다. 건물이 자연으로부터 인간을 보호하는 기능을 하는 것이지만 외부 즉 자연과의 단절을 생각했던 것은 아니었기 때문이다. 그래서 건축가들은 내부와 외부의 단절을 완화하는 방법에 대해 고민했다.

건물의 엔벨로우프(바닥, 벽, 지붕)에 있는 구멍을 우리는 개구부라고 부른다. 개구부에는 크게 문과 창이 있으며 현대에 들어 벽이나 지붕 그리고 바닥까지도 투명한 유리로 만들 수 있게 되었다. 초기의 건축물은 상징적인 의미가 강했으므로 형태를 중요시했다. 건축물 내부의 공간에 대한 필요성보다는 필수적인 사항으로만 건축물이 존재했기에 외부적인 부분에 더 신경을 썼던 것이다.

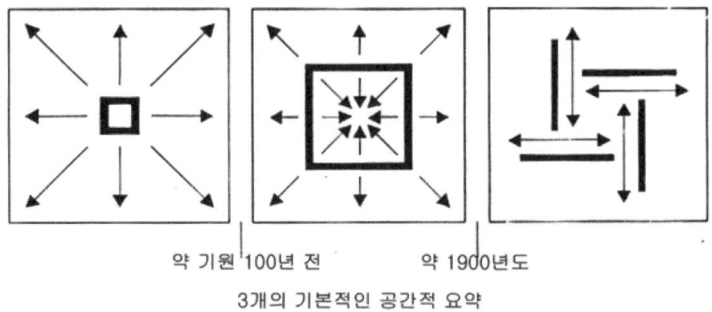

약 기원 100년 전   약 1900년도
3개의 기본적인 공간적 요약

3개의 기본적인 공간적 요약으로 이는 공간의 변화를 보여주는 것이지만 사실은 개구부의 변화라고 생각할 수 있다

사람들은 점차 건축물의 공간에 대한 필요성에 대해 인지하게 되었으나 그렇다고 형태를 포기한 것은 아니었다. 내부와 외부 형태 모두 중요시했지만 여전히 공간이 외부와 단절된 것은 풀어야 할 문제였다. 건축물의 형태는 그 시대를 반영한다. 즉 시대가 변하면서 건축물의 형태도 변화한다. 왕족과 종교 지도자가 주를 이루었던 시대에서 근세에 식민지 개발과 함께 부르주아가 등장하고 사회 계층의 변화와 함께 건축물의 형태에도 변화가 오기 시작했다. 불평등한 시대의 산물인 중세의 수직형 건축 형태는 근세에 들어 수평적인 형태로 바뀌고 사회 주축은 평민으로 바뀌기 시작했다. 산업혁명은 유리와 철이라는 주물 형태가 가능한 건축 재료가 등장하면서 건축물의 형태가 변화하기 시작하는데 이때 개구부의 다양한 가능성이 드러나게 되었다. 많은 건축가들이 공간이라는 개념에 주안점을 두게 되면서 어떻게 하면 공간이 자유로울 수 있을까 고민하기 시작했다. 자유라는 것은 곧 장소의 개념이기도 하다. 자유가 없다는

것은 다양한 장소를 갖지 못하는 것과도 같다. 이렇게 장소가 제한된 것은 곧 공간이 구조에 묶여 있었기 때문이다.

건축가 미스 반 데어 로에는 우선 공간과 구조를 분리했는데 이를 통해 공간과 구조가 서로 자율적인 존재가 되도록 했다. 이런 과정에서 자연스럽게 개구부가 등장하게 된다. 벽과 벽의 간격이 멀어지면서 그 사이에 틈이 생기기 시작한 것이다. 이같이 개구부의 존재는 건축물을 바꾸는 데 중요한 역할을 했다.

건축가들은 공간의 자유를 설계했지만 이는 곧 그 공간 안에 있는 인간의 자유를 의미하는 것이다. 내부에서 내부만을 바라보고 외부에서는 외부만을 경험하는 시대에서 이제는 내부에서도 외부를 간접적으로 경험할 수 있는 자유가 생긴 것이다. 그리고 폐쇄적이었던 벽이 하나의 아름다운 액자처럼 작용하기 시작했다. 그래서 미국에서는 이를 픽처 윈도우(Picture Window)라고 부르기도 한다. 창은 고유의 기능이 있다. 공간에 환기와 충분한 빛을 제공해야 한다. 그리고 시각적인 거리를 제공하면서 공간을 간접적으로 넓혀주는 작용을 하기도 한다. 이제 공간은 개구부의 탄생으로 인해 점차 시각적으로 제한을 두지 않게 되었다. 처음에는 폐쇄적인 공간을 자유로운 공간으로 만들기 위한 방법으로 벽에 문과 창문을 만들었지만 이제는 건축 형태에서 중요한 디자인 요소가 되었다. 문은 벽의 일부이며 창도 벽의 일부이다. 그러나 고유의 기능을 갖고 있는 벽이다. 그러므로 문과 창문의 디자인에 관심을 둔다면 우리는 더욱 다양한 건축물을 즐길 수 있을 것이다.

독특한 문과 창문을 가진 건물은 외부의 형태를 색다르게 보이게 하지

다양한 형태의 문과 창문들

만 사실은 내부에서 밖을 보았을 때 그 효과는 더욱 크다. 이같이 개구부의 디자인이 전체 디자인에 영향을 주는 만큼 문과 창문 형태를 선택하는 데 있어 심사숙고해야 한다. 건축물의 발전에는 개구부의 발달도 함께 진행되고 있다. 공간이라는 개념은 인간을 위한 영역의 표시이지 외부와 내부의 단절을 의미하는 것은 아니다. 비어 있던 영역에 한 건축물이 자리를 차지하고 세워질 때는 그 영역에서 하나의 역할을 해야 한다. 건축물이 독립적으로 존재하는 것보다는 주변 환경과 조화, 대조 또는 대립의 관계 중 하나의 역할을 해야 한다는 의미이다.

외부에 제2의 외피를 둔 건축물이 있다. 개구부에 또 하나의 오픈된 창을 둔 형태로 내부 공간에서 완전히 개방되지 않은 느낌을 주는데 이는 앙리 시리아니나 리처드 마이어가 잘 사용하는 방식이다. 물론 두 번째 외피가 그림자를 만들어 내부의 빛을 조절하는 기능도 있지만 개방된 내부 공간을 시각적으로 차단함으로써 안정감을 주는 효과도 있다. 여기에서 필요한 것은 바로 건축물의 외부와 어떻게 유기적인 관계를 확립하는가 하는 것이다. 그 의문을 풀어나가는 하나의 방법이 바로 개구부의 구성이다. 문과 창문은 단순한 개구부가 아니다. 고유의 기능이 있지만

위) 르코르뷔지에의 사보아 빌라. 르코르뷔지에는 모던 초기 모던이 무엇인지 묻는 사람들에게
그가 설계에 적용하는 건축의 5원칙으로 응답했다. 그중 하나가 바로 띠창으로 각 공간에
빛을 투과시키고 시야를 확보하는 방법이었다

중간) 폐쇄와 개방의 극적인 표현으로 건물의 우측을 완전히 오픈시킨 형태. 건물의 우측을
완전히 개방시킴으로써 개구부처럼 나타냈다. 폐쇄성이 강한 공간에 익숙해진 우리에게
이는 눈길을 끌 수밖에 없다. 이 공간에서는 외부 환경을 간접 경험할 수 있도록 해준다

아래) 외부에 제2의 외피를 둔 건축물

부가적으로 건축물의 형태에 변화를 줄 수 있는 중요한 요소이다. 사각형의 창은 세상을 사각형으로 보여주지만 원형 창문은 세상을 원형으로 만들기도 한다. 내가 건축가라면 건축주에게 다양한 개구부의 형태를 제안할 것이다. 건축주에게 개구부의 중요성을 설명한다면 선택의 폭이 넓어지지 않을까 한다.

골동품이 지닌
가치에 대하여

유학 시절 독일에서 옛날 카메라와 타자기를 수집한 적이 있다. 그렇게 사 모은 카메라는 약 120대, 타자기는 70대가량에 이른다. 초기에는 종류와는 상관없이 옛날 물건을 수집했는데 후에 타자기와 카메라를 집중적으로 수집하게 되었다. 내가 살았던 다름슈타트는 작은 도시로 이러한 물건을 수집하려면 전문 상가를 방문해야 했는데 유학생이 구입하기에는 너무 비쌌다. 그런데 내가 거주하는 도시에서 기차로 30분 정도 가면 프랑크푸르트라는 도시가 있는데 이곳에는 매주 토요일 새벽부터 낮 12시까지 플로마트(Flohmarkt 벼룩시장)라는 것이 마인강가에서 열려 진귀한 옛날 물건들을 볼 수 있었다. 초기에는 운이 좋으면 좋은 물건을 말도 안 되는 싼 가격에 살 수 있었지만 시장이 커지면서 전문 상인들이 시장을 점령하여 가격도 많이 비싸지고 진품이 아닌 것들이 등장하기 시작했다.

진귀한 옛날 물건들을 우리는 골동품이라 부른다. 인터넷 한자 사전에

위) 옛날 영사기와 타자기 들
아래) 우리나라의 벼룩시장과 같은 독일의 플로마트(Flohmarkt)

서 골동품이라는 단어를 찾아보니 1. 희소가치(價値)가 있어서 보존(保存) 또는 미적 감상(鑑賞)의 대상(對象)이 되는 고미술품(古美術品)이나 오래된 세간, 2. 오래되거나 늙어서 가치(價値)나 쓸모가 없게 된 물건(物件)이나 사람이라고 설명한다. 하지만 나는 골동품의 의미도 모르고 왜 모으는지 특별한 의도도 없이 모았던 것 같다. 그 후 옛날 필름 영사기를 보게 되면서 그 모양에 반해 영사기 수집으로 방향을 바꿔 부지런히 사 모으게 된 것이 약 300개에 이르렀다. 연구실에도 가득하고 집 벽 한쪽에 선반을 만들어 가득 채우게 되었다. 가능한 모양이 겹치지 않게 수집했는데 이것을 본 사람들 대부분은 이 영사기를 전시할 것을 권하기도 했다. 그리고 그들은 내게 이것을 왜 수집하는지에 대해 물었다. 이같이 물어보는 사람들은 두 부류로 구분된다. 무언가를 수집하는 사람들은 왜 모으는지 묻지 않는다. 그렇지 않은 사람들은 반드시 모으는 이유를 묻는다. 그런데 사실 나도 사람들이 수집하는 물건의 종류를 살펴보면 의문이 들기도 한다. 예를 들어 피규어 수집가를 보면 왜 피규어일까 생각해 본다. 난 피규어에 전혀 관심이 없기 때문이다.

골동품의 희소가치 때문에 영사기를 수집한 것은 아니다. 초장기에 이 영사기를 만들기 위해 전문가들은 고군분투했을 것이다. 내부에 전등을 넣고 시끄러운 모터가 돌아가는 소리를 참으며 매끄럽게 흘러가지 않는 영상을 재미있다고 보았을 그 상황을 상상하면 지금 기술의 발전이 너무도 놀랍다. 그 당시에는 이 영사기들이 아무나 가질 수 없는 고가품이었고 최첨단 영화 기계였을 것이다. 디자인 또한 다양하여 지금 보아도 전혀 촌스럽지 않다.

영사기가 처음 등장했을 당시에는 최첨단 기기였겠지만 지금은 그 기능이 사용되지 않는다. 그 당시의 영광을 되돌릴 수는 없지만 지금도 영사기가 사랑을 받게 만들 수는 없을까 고민하기 시작했다. 그래서 생각해 낸 것이 바로 스탠드이다. 과거처럼 사람 곁에서 지킬 수 있게 해주고 싶었다. 죽은 것을 살리는 것이 전문가가 해야 할 일이라는 깨달음을 얻은 것이다. 우리 곁에 스탠드는 많지만 그것은 그저 스탠드일 뿐이다. 영사기를 스탠드로 만들어 곁에 둔다면 눈길도 끌 것이고 구석에 처박혀 있던 존재가 빛을 발하게 되는 것이 아닐까 여겼다.

우리가 배우는 기술은 그 기술을 살리는 데 써야 한다. 이 기술은 최첨단을 향해 가는 것도 있지만 현상 유지가 가능하게 하기도 하고 지난 것을 다시 되살리는 기술로도 쓰여야 한다. 즉 모든 기술은 과거 현재 그리고 미래를 이어주는 역할을 해야 한다.

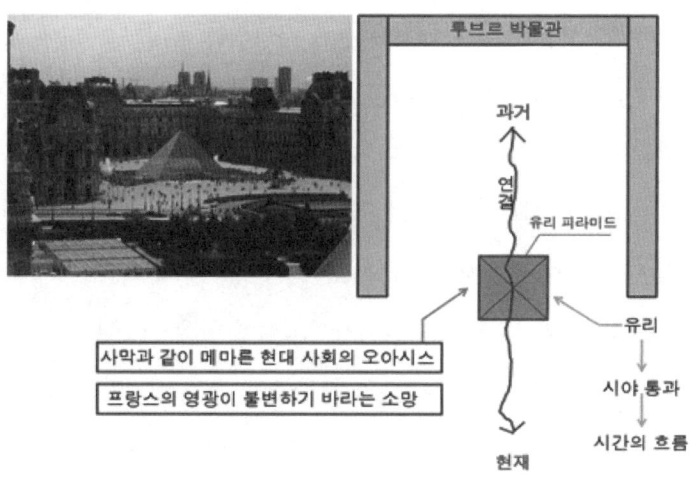

과거의 이미지인 피라미드가 현대에 주어진 새로운 기능

현재는 기술의 발전이 너무도 빨라 새로운 물건이 등장하면 지난 것들에 대한 필요성을 느끼기도 전에 시대에 뒤떨어진 기술이 된다. 그러나 사람들의 감성은 다양하다. 얼리어답터가 있는가 하면 지난 것에 애착을 느끼고 쉽게 버려지는 것을 수리하는 사람들도 있다. 우리 주변을 살펴보면 과거에서 이어지고 발전해 탄생한 첨단 기술이 많다. 그러나 사람들은 그것이 그저 첨단이라고만 생각한다.

파리 루브르 박물관에 가면 입구에 유리 피라미드가 세워져 있다. 대부분의 사람들은 루브르 박물관을 방문하기 위한 목적이므로 이 유리 피라미드에 크게 관심을 두지 않고 지나간다. 그러나 이 유리 피라미드는 과거 이집트의 형태에서 빌려온 것으로 중요한 의미를 담고 있다. 당시 미테랑 대통령과 프랑스의 소망을 담은 훌륭한 건축물인 것이다. 중국계 미국 건축가 아이엠페이는 이 프랑스의 소망을 영광의 상징인 이집트의 피라미드에서 이미지를 가져와 소통하는 의미로 석재를 유리로 바꾸었고 과거와 현대를 잇는 위치에 배치하였다. 사막처럼 메마른 사회에 오아시스를 선사한다는 의미로 이 형태를 선택한 것인데 이는 아이엠페이의 스타일인 삼각형과 잘 맞아떨어진다. 이집트 사막에서 단지 왕의 무덤으로 관광객의 위로를 받고 있었던 이 골동품 같은 건축물이 파리의 중심에 등장하면서 중요한 기능을 부여받게 된 것이다.

내가 건축가라면 물론 새로운 디자인도 추구하겠지만 그 지역에 맞는 콘셉트와 목적을 충분히 검토한 후 골동품과 같은 진귀한 부분은 무엇인지, 또한 고전적인 디자인도 살펴볼 것이다. 형태는 곧 스토리이며 새로운 형태는 새로운 스토리를 만들어 내야 한다. 과거의 형태는 현재의 형태보다 더 많은 스토리를 지니고 있다. 이를 현대적으로 풀어내는 것도 전문가의 일이며 죽은 것을 살려내는 능력을 가지고 있어야 진정한 전문가라고 할 수 있을 것이다. 이러한 능력을 갖추려면 반드시 역사적인 지식을 겸비해야 할 것이다.

확산하는
미니멀리즘의 인기

　모든 분야에는 유행이 있다. 물론 모던 이전의 시대에는 집권자가 요구하는 형태가 있었지만 그것은 강압적이었으며, 모던 이후에는 다양한 건축가들이 등장하면서 자신이 추구하는 스타일의 형태를 선보이게 되었고 이를 건축주들이 선택하는 시대로 접어들었다. 다양함 속에 살아남는 것들은 수요와 어깨를 같이 하기 때문이다. 건축도 마찬가지이다. 모던 이후 건축물의 형태가 다양하게 변화하기 시작한 계기는 건축주가 요구하는 형태를 가능하게 하는 건축재료의 등장으로 비롯되었다. 물론 구조에 대한 자신감도 따랐다. 이러한 상황에서 건축주를 압박하는 것은 비용이다. 새로운 시도는 그만큼 비용을 요구하기 때문이다.

　피터 아이젠만은 '건축은 표준성에 흡수되지 않고 저항하는 것이다. 흡수에 대한 저항이 바로 현재'라고 했다. 이는 인간의 발달사를 잘 표현한 문장이다. 언제나 표준을 벗어난 것들이 등장했지만 그것이 반드시 선택되고 양식으로 자리 잡은 것은 아니다. 이는 유행과 양식으로 설명할 수 있을 것이다. 유행은 등장했지만 사라지는 것이고 양식은 유행이 자리 잡아 하나의 스타일로 자리매김한 것이다. 기디온은 이를 일시적 사실(유행)과 구성적 사실(양식)로 정의했다. 그러나 그것이 하나의 양식으로

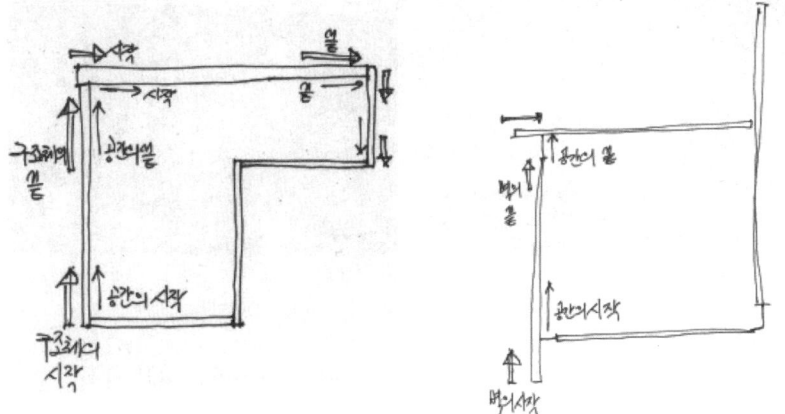

위) 미스 반 데어 로에의 바르셀로나 파빌리온
아래) 공간의 시작과 끝이 벽의 시작과 끝과 함께하지 않는다. 그리고 벽은 공간이 끝났어도 연속하여 갈 수 있다. 이러한 형태로 가다 보면 건축 형태에는 선만 남는다. 이것이 미니멀리즘의 시작이다

위) 독일의 디자인 회사 3delux의 레오나르도를 위한 파빌리온 / 미니멀리즘을 적용한 주택
중간) 캘리포니아 쿠퍼 티노에 위치한 Apple 본사
아래) 몬트리올 섬에 있는 NORM 하우스 미니멀 디자인 인테리어 /캘리포니아 맥시멀리즘 디자인 인테리어

자리매김했어도 우리의 삶에 곧바로 영향을 미치지는 않는다. 그러기 위해서는 그 양식에 대한 제반 사항이 준비되어야 하기 때문이다. 미스 반데어 로에의 바르셀로나 파빌리온을 가장 좋은 예로 꼽을 수 있다. 바르셀로나 파빌리온의 특징은 벽과 공간의 시작과 끝이 다르다는 점으로 최소한의 구조로 공간을 만들었다는 것이다. 이는 모든 벽이 벽과 만나야 한다는 것, 모든 공간이 벽과 함께 출발해야 한다는 표준성에 저항한 것이다.

'Less is More(단순한 것이 더 아름답다)' 이것이 미니멀리즘의 모토이다. 더 적은 것이 더 많은 것이며 최소한으로 최대의 효과를 보는 것을 말한다. 이는 현대 건축에서 유행하는 형태이기도 하다. 이 같은 미니멀리즘의 모토는 1960년대에 등장했지만 지금에 와서 널리 퍼지고 있다. 이는 표준성에 저항하는 데 그만큼 오랜 시간이 걸린다는 것을 뜻한다. 벽이란 시야가 더 이상 가지 못하는 곳을 말한다. 즉 미니멀리즘은 벽을 없애고 선만 남은 것으로 이 선이 최소한의 구조체이다.

미니멀리즘의 시작은 예술에서 먼저 시작해 문학뿐 아니라 인테리어까지 각 분야에 영향을 끼쳤다. 미니멀리즘의 반대는 맥시멀리즘이다. 한때는 맥시멀리즘도 유행했으나 이제는 클래식이 되고 점차 미니멀리즘이 유행처럼 번지고 있다. 이는 젊은 세대와 선진국에서 더 선호하는 디자인으로 확대되고 있다. 내가 건축가라면 건축주에게 일반적인 디자인과 함께 현재 확대되어 가는 미니멀리즘에 대해서도 적극 소개할 것이다. 이는 공간 활용에도 유용하며 오히려 지루하지 않은 디자인으로 색다른 느낌을 전해줄 것이다.